U0948529
超级疯狂阅读系列
回眸不为人知的
中国历史
崔钟雷　主编
知识出版社

# 前言

从史前人类到现代人类，从茹毛饮血的原始社会到科技日新月异的现代社会，人类所走过的漫漫旅程已经无法用时间和距离来衡量。留给我们后人的，只有那一个个没有生命的遗迹以及被浓缩成的厚厚的历史书，它们在提示着我们人类已经诞生了很久，我们已经取得了巨大的进步。

几千年前，我们的祖先就已经在华夏民族的发源地黄河流域建立了自己的政权和国家。通过辛勤的耕耘，他们又不断地创造着文明与奇迹：他们设立典章制度以及礼仪规范来教导百姓，使之有礼有

序；他们为世界贡献出了四大发明，又丰富了诗歌等文学体裁的表现形式，为世界文明的传播与发展做出了巨大的贡献。正因为有了中华民族的智慧，我们的世界才能如此快速地发展。这一切都是写在书上的，是大家都能够看到的。而那些没有写在书上的或是史书对之语焉不详的历史事件又是怎样的呢？恐怕大多数人都不得而知了。

历史究竟什么样呢？我们面对这个问题的时候，恐怕都是一头雾水，那么我们应该到哪里去寻找答案呢？

翻开本书吧，这里有离奇的问题，详细的描述，又有大胆的设想和好看的图画，更有好玩的漫画和搞笑的对话，它们可以帮你寻找那些历史的线索，探究历史背后的真相。

编　者

2014 年 6 月

# 目录

## 帝王传说



## 名人趣闻

秦

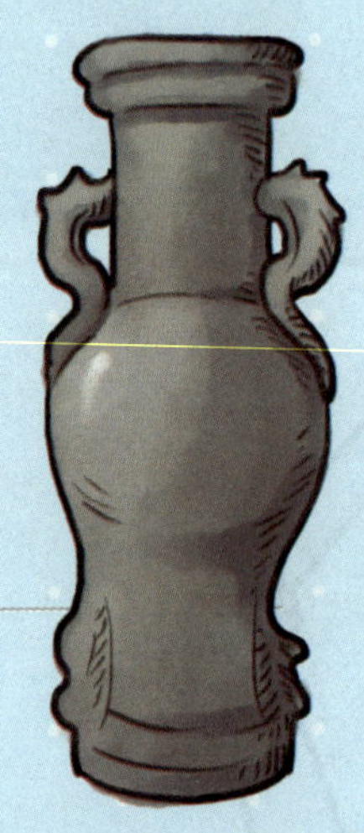

# 超级疯狂阅读系列

# 帝王传说

## 挠头的谜题

秦王朝虽统一了六国，但没持续多长时间，就被农民起义军推翻了。然而局势并未平静下来，后续还有楚汉之争，即项羽与刘邦之间的政权争夺战。

项羽在与刘邦四年的激烈战争中，逐渐由优势变为劣势，最后上演了“四面楚歌”的“垓下之围”一幕。项羽损兵折将，连最爱的虞姬也自杀了。面对着悠悠乌江水，项羽终结了自己的生命。那么，项羽究竟为何不肯渡乌江呢?

## 项羽是谁

项籍，字羽，通常被称作项羽，秦末下相（今江苏宿迁市）人，中国古代杰出的军事家及著名政治人物。中国军事思想“勇战派”代表人物，秦末起义军领袖。秦亡后自立为西楚霸王，统治黄河及长江下游的梁、楚九郡，后自刎而死，年仅 30 岁。

## 抽丝剥茧

有人说，项羽不肯过江东，是因为虞姬之死。项羽的死与虞姬的死真的有什么联系吗？有的学者认为不仅仅是这样，项羽很可能是由于“虞姬死而子弟散”而心里惭愧，所以说什么也不肯过江，最后自刎。

再来看看司马迁在《史记》上的一段记载。

刘邦的汉军和韩信、彭越的军队层层包围过来，项羽打算带领军队东渡乌江。

乌江的亭长撑船靠岸等待项羽，他对项羽说：“江东虽小，也还有方圆千里的土地，几十万的民众，也足够称王的了，请大王急速过江。现在只有我有船，汉军即使追到这儿，也没有船只可用。”

项羽笑道：“上天要亡我，我还渡江干什么？况且我项羽当初带领江东的子弟八千人渡过乌江向西挺进，现在无一人生还，即使江东的父老兄弟怜爱我而拥我为王，我又有什么脸见他们呢？或者即使他们不说，我项羽难道不感到内心有愧吗？”

说完，项羽就自杀身亡了。

由此看来，项羽过不过江，都逃不过失败的结局。所以，他选择了不渡乌江。

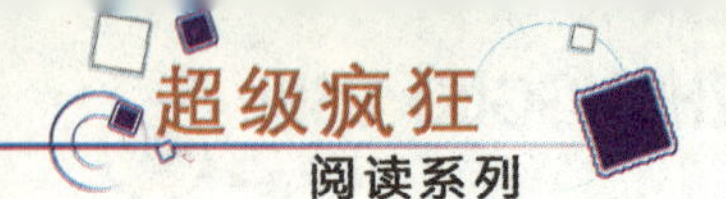


有的学者提出，自固陵战败后，项羽接连打败仗，一直退到垓下，再逃往东南，直到逃到了乌江边。由此可见，项羽或许早就有退守江东的想法，并且是一路逃奔。

若说项羽使江东八千子弟葬送了性命而觉得愧对江东父老的话，垓下被围时，虞姬已死，子弟已散，他就应该因羞愧而上吊、割脉、喝毒药。项羽渡淮之后，身边就剩下一百多人，到了阴陵还迷了路，问了个路又被骗得身陷天泽，被汉军追上。这样狼狈的境遇，项羽都没有羞愧自杀。

项羽逃到东城，汉军将他重重包围起来。虽然项羽感到自己这条命马上要交待了，可他还是把仅剩的士兵组织起来做了一番挣扎。所以，项羽好不容易

**考考你：**

项羽是个少有大志的人吗？

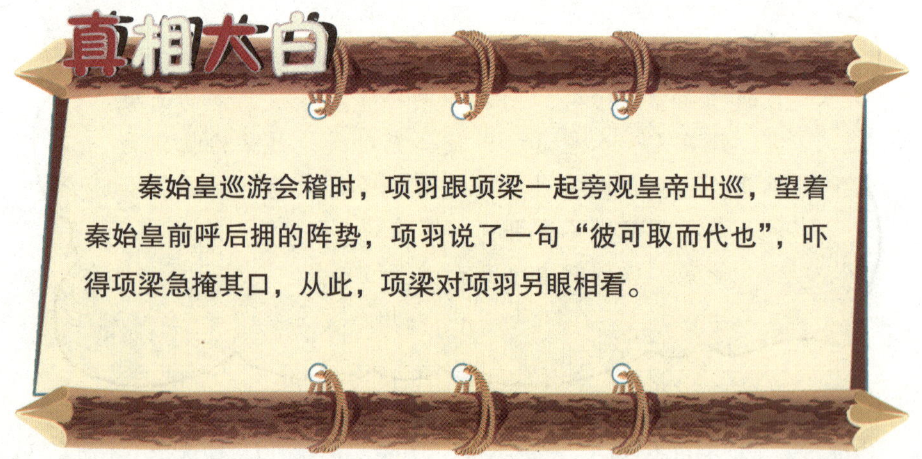


秦始皇巡游会稽时，项羽跟项梁一起旁观皇帝出巡，望着秦始皇前呼后拥的阵势，项羽说了一句“彼可取而代也”，吓得项梁急掩其口，从此，项梁对项羽另眼相看。

逃到乌江岸边，却忽然产生对江东父老的羞愧之心而自杀，这好像有些不合情理。这不能排除是司马迁为让故事情节更加精彩，而加工情节的可能。

还有人认为项羽不渡乌江是其具有的高贵品质在作祟，他充分考虑了人民在战争中所受的苦难。

长期的战争，已经让百姓们苦不堪言，他们都希望这场战争快点结束。而项羽也曾有过结束战争的愿望。比如，他想通过与刘邦的个人决斗来结束这场战争。后来，项羽又想要牺牲自己的利益与刘邦谈和，以求得刘邦的让步。

**考考你：**

《项羽本纪》中记载项羽“身死东城”，那东城离乌江有多远？

学者冯其庸认为，在《项羽本纪》中明确提到项羽“身死东城”等记载。而通过对《括地志》和《江表传》记载的东城（安徽定远县）的实地考察发现，该地距乌江有120千米。

然而，刘邦违了约，出兵追杀楚军。项羽失利后，终于认识到自己无法立即消灭刘邦，可又没有办法与其谈和，项羽一狠心，看来只有牺牲自己，才能结束这数年的残杀。

## 未确定的结论

“生当做人杰，死亦为鬼雄。至今思项羽，不肯过江东。”项羽为何不渡乌江？几千年来，不管是文人墨客，还是历史学家对此问题都付出了足够的热情，给予极大的关注，可是，至今没有标准答案。

生当做人杰，
死亦为鬼雄。
至今思项羽，
不肯过江东。

李清照

## 挠头的谜题

赤壁之战发生在东汉末年。建安十三年（公元 208 年），刘备和孙权联军，在长江赤壁一带以火攻大破曹军，曹操北退，孙刘双方亦各自去夺荆州。令人不解的是，曹操为什么会在赤壁战役中吃败仗呢？

## 抽丝剥茧

人们普遍认为，曹操失败的致命原因是遭到了火攻。曹军败在火攻上，证据是确凿的。《三国志·蜀书·先主传》和司马光的《资治通鉴》都说到了此点。然而，还是有学者提出了不少的质疑。

他们认为，曹操之所以会失败，根本就不是大火惹的祸，而是因为曹操的军队遭遇了巨大的危机，战斗值及防御值大大降低。这些学者还努力地抓住了造成瘟疫的罪魁祸首——血吸虫。

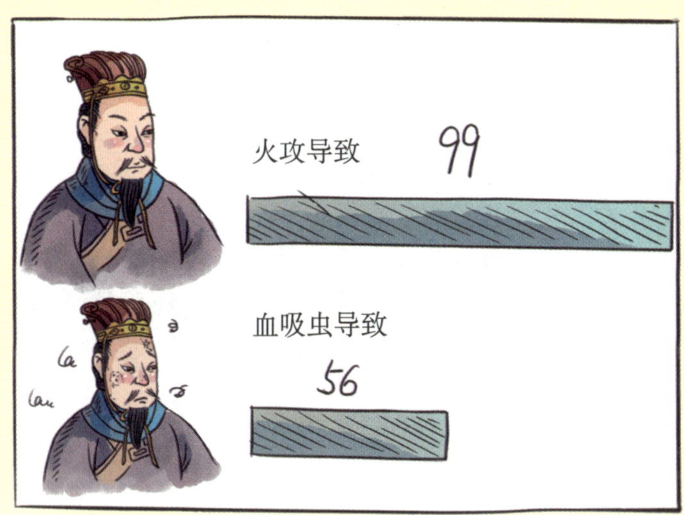


### 考考你：

你知道“望梅止渴”的典故吗？

## 真相大白

有一次，曹操在带兵出征的途中找不到水源，士兵们都很口渴。于是，曹操叫手下传话给士兵们说：“前面有一大片梅林，结了许多梅子，又甜又酸，可以解渴。”士兵们听后都流出口水。正是凭借这种希望的存在，士兵们才得以到达前方有水源的地方。

这个看法，在陈寿的《三国志·魏书·武帝纪》中也提到了。他说，曹操到了赤壁后，与刘备军队作战并没有占到上风。军队又发生了可怕的瘟疫，军队的士兵一个个地倒下了。于是，曹操只能带部队撤退。

而且，为了澄清事实，曹操还特意在战后给孙权写了一封信。

To:孙权

赤壁之战，人人都道是我曹操败了，然而，大家所见所闻皆是表面现象。

实际上，是我命人烧了战船，撤了回去。我这样做的原因就是当时有瘟疫侵袭了我的队伍。

眼看着得力干将一天天憔悴虚弱，我怎么能够无动于衷。为了体恤下属，不让我的士兵做无谓的牺牲，我只有先撤回。

没想到我这么高尚的精神，却让世人误会我打了败仗，让周瑜白捡了个好名声。

From:曹操

**考考你**：

曹操是文武双全的人吗？

## 真相大白

曹操好兵法，著有几十万字的兵书。他所著的《孙子略解》开创了整理注释《孙子》十三篇的先河，丰富和发展了中国古代军事理论，并提出了很多精彩的见解。

老东西，看你这回认不认输！

曹操所言是不是真实的？《吴书·吴主传》中也有此说。所以，有人认为，火攻一说或许并不能全信。

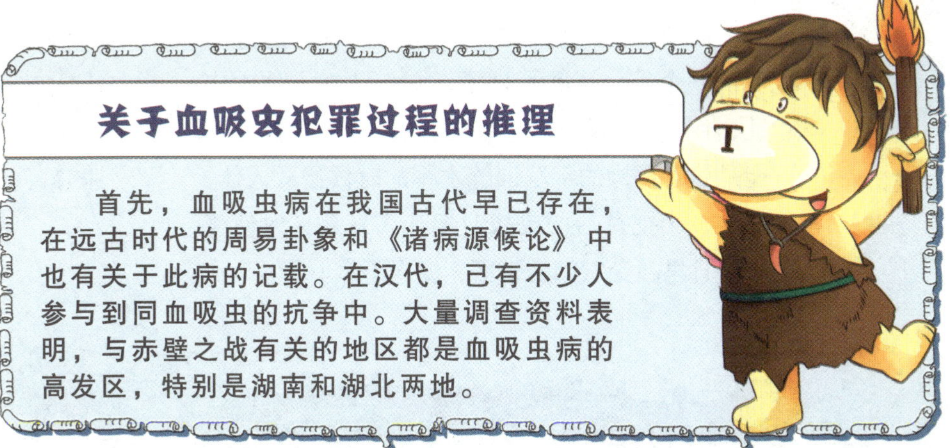

## 关于血吸虫犯罪过程的推理

首先，血吸虫病在我国古代早已存在，在远古时代的周易卦象和《诸病源候论》中也有关于此病的记载。在汉代，已有不少人参与到同血吸虫的抗争中。大量调查资料表明，与赤壁之战有关的地区都是血吸虫病的高发区，特别是湖南和湖北两地。

## 精明的推理

其次，从赤壁之战的时间来看，正是容易感染血吸虫病的秋季，曹操忙着部队迁徙，以训练强悍的水军队伍。而他们从陆地转战水中，稍不注意就会染上血吸虫病。

更加可怕的是，血吸虫会在人体中静静地潜伏一个月，算准了日子，它们才在人体内作乱，使人出现急性症状。因此，血吸虫极有可能是趁着曹操的部队训练水军的时候侵入人体，而又在个把月后的决战时期让人发病，致使曹军终日里忍受它们的折磨，变得不堪一击。

可是，还是有人对此看法发出了不同的声音。他们说，孙刘联军同样是水上训练和作战，为什么他们不会染上血吸虫病呢？或许，孙刘联军找到了对付血吸虫的终极大招？或许，这些血吸虫是孙刘联军最新研制的生化武器？

## 未确定的结论

火攻言论不能全信，血吸虫病一说也存在着质疑。曹操战败的原因，始终是一个千古之谜，让人们费解。

## 挠头的谜题

在中国古代史上，秦皇汉武被相提并论。汉武帝刘彻一生功勋卓著，可是，他在位时，宫中却上演了一幕幕巫蛊闹剧，史称“巫蛊之乱”，这为汉武帝的档案洒上了永远都洗不清的污点。

那么，汉武帝后宫中怎么会发生巫蛊之乱呢?

**考考你:**

巫蛊是怎么回事?

## 真相大白

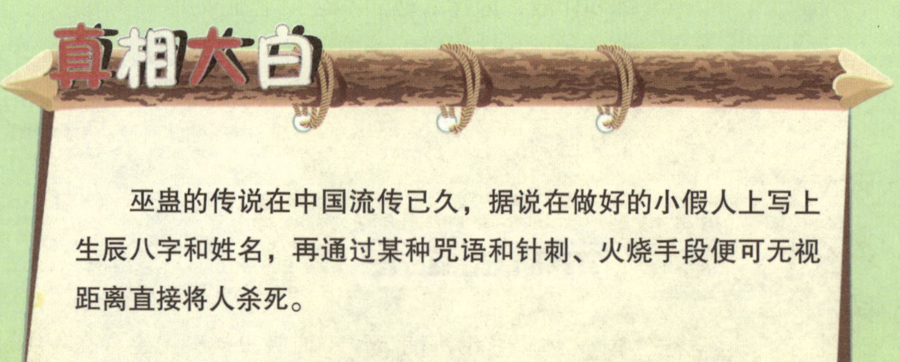

巫蛊的传说在中国流传已久，据说在做好的小假人上写上生辰八字和姓名，再通过某种咒语和针刺、火烧手段便可无视距离直接将人杀死。

## 抽丝剥茧

在汉朝，巫蛊属于被严厉打击的邪教行为。据说，这是一种杀人于无形的高明法术。只要在小木人的身上刻上被害人的名字和恶毒的语言，埋在地下日夜诅咒，就能使被害人死于非命。

汉武帝耗尽精力击败了匈奴，晚年时，他不由得心生落寞之感，感叹这世界上从此再难以碰到敌手。

征和元年的一天，汉武帝在建章宫养神。突然，他发现一个白衣男子带剑闯入了龙华门。他大吃一惊，急忙叫侍卫前来护驾。只见白衣男子潇洒地摆了个造型，将剑一扔，溜之大吉。卫士们在宫里宫外搜了好几个小时，也没见着半个人影。

汉武帝气极了，把门卫都给斩了，又传令长安全城戒严，命令骑兵部队大搜上林苑。可是，大家一连找了十多天也没什么结果，只得作罢。

白衣男子极有可能是汉武帝他老人家打瞌睡做白日梦梦见的。然而，晚年沉湎于仙道之术的汉武帝，最喜欢举一反三了，他充分发挥了自己疑神疑鬼的强项。他认为，白衣男子来无影去无踪，肯定不是正常人，绝对是别人施了诅咒之术召唤来的，目的就是想要杀自己。

**考考你**：

《轮台罪己诏》是怎么回事？

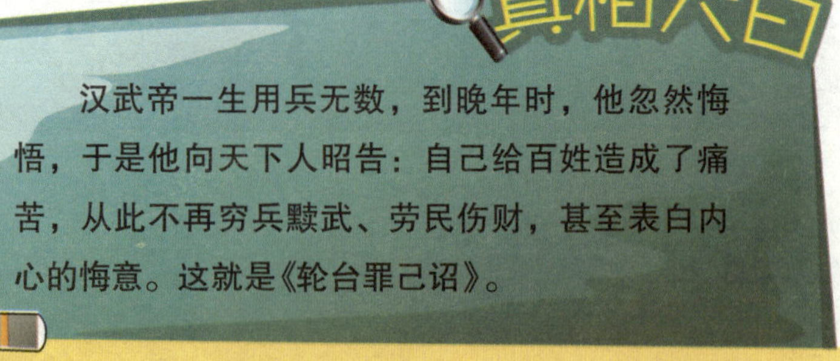


汉武帝一生用兵无数，到晚年时，他忽然悔悟，于是他向天下人昭告：自己给百姓造成了痛苦，从此不再穷兵黩武、劳民伤财，甚至表白内心的悔意。这就是《轮台罪己诏》。

通过如此一番逻辑混乱的思考，汉武帝认定朝廷之中存在一股暗流，此后便开始严加防范，随时准备揪出阴谋分子予以血腥镇压。

可巧，丞相公孙贺的儿子公孙敬声这个时候被人揭发，说他挪用了 1 900 万两银子的公款。公孙敬声是汉武帝的专职马车司机。由于老爹是丞相，公孙敬声为人一向骄奢淫逸，可是这次，他居然把捞钱的手伸向了北军的军费。

要知道，北军可是卫戍首都的常备军，将士们如果没钱发饷吃饭，如何保护皇帝的安全？

因此，汉武帝直接把公孙敬声投入大狱。公孙贺请求皇帝让自己立功赎儿子的罪过，并保证尽快逮捕阳陵大侠朱安世。也就是想用朱安世的命来换回宝贝儿子的命。

汉武帝答应了，因为在他看来，那些在各地州郡横着走路的大侠们，都是社会的不稳定因素，是朝廷重点清除的对象。

公孙贺不遗余力地抓捕朱安世，终于把他押解下狱。朱安世一开始很纳闷，想我一代大侠，交友广阔，粉丝众多，谁都得给我三分薄面，怎么这个丞相比我的追星族还狂热，非要追着抓我呢。后来听说了公孙贺为他儿子赎罪这件事，朱大侠才恍然大悟，然后就大叫道：“丞相这回要被灭族了！”朱安世笑得十分放肆，把狱卒们都看愣了，以为他得了精神病。

当天，朱安世便奋笔疾书，给汉武帝写了一份举报信。汉武帝看了信，气得五内俱焚，七窍生烟，信中的两段话在他眼前晃来晃去，而且字还是放大的。

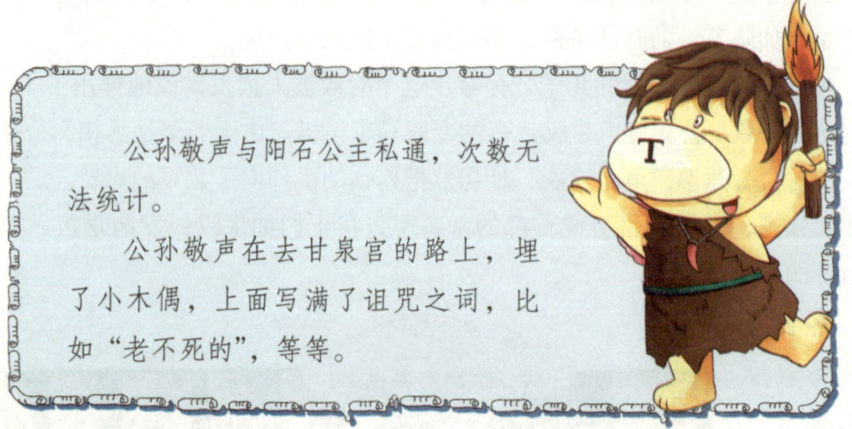

公孙敬声与阳石公主私通，次数无法统计。

公孙敬声在去甘泉宫的路上，埋了小木偶，上面写满了诅咒之词，比如“老不死的”，等等。

汉武帝赶紧派人去调查，果然确有其事。于是，公孙贺也被问罪，下了大狱和儿子团聚去了。

不久，有关部门又接连查获数起大案要案，发现诸邑公主、阳石公主及长平侯也在埋小木偶，三人随后也被汉武帝诛杀。

## 未确定的结论

尽管汉武帝对巫蛊罪是严刑惩治的，但是历史上巫蛊还是越来越多地被使用，只因为巫蛊实在可以称为打击仇敌的利器，谋权逐利的快捷手段。因此，巫蛊之术依然盛行。可是，从汉代的巫蛊实践经验来看，最后惨死的，往往是那些施术者。

## 挠头的谜题

勾践是春秋时期吴越争霸的最终赢家。在这场旷日持久的诸侯争霸战中，越王勾践凭借坚强不屈的毅力和忍辱负重的耐力最终获胜，留下了许多为后人称道的事迹，这其中最为人称道的当是“卧薪尝胆”的故事。

据史书记载，公元前 496 年，吴王阖闾率军攻打越国，却反被越国打败，阖闾死于败逃途中。他的儿子夫差继位后，时刻提醒自己，勿忘国耻，为父报仇。经过两三年的精心准备，夫差亲率人马攻打越国。越王勾践率军迎敌，结果大败。勾践派文种去吴国谈和，可议和的结果是：勾践和夫人必须到吴国去做夫差的仆人。

公元前492年，勾践把国家交给文种和一些大臣治理，带着妻子和范蠡来到吴国，开始了奴仆生涯。

夫差为了羞辱勾践，把他安置在阖闾坟墓旁边的一个小石屋里。勾践每天守坟、喂马、除粪、打扫，但从没人听见他有一句怨言。

**考考你**：

吴王是如何试探勾践的？

## 真相大白

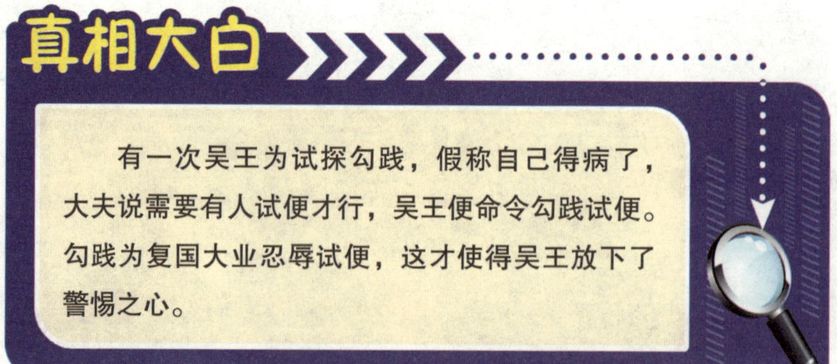

有一次吴王为试探勾践，假称自己得病了，大夫说需要有人试便才行，吴王便命令勾践试便。勾践为复国大业忍辱试便，这才使得吴王放下了警惕之心。

夫差认定勾践已是真心臣服，于是放心放他们回国。这却给了勾践东山再起的机会。

据说，勾践为了激励自己，每天晚上都坚持睡在柴草上，屋顶上还吊了一颗苦胆，不管站着坐着，还是吃饭工作，他都要先尝尝苦胆，用浓郁的苦味来警示自己。越国经过十几年的休养生息和不懈努力，最终在勾践的领导下战胜了吴国。

然而，事实究竟是不是这样的呢？勾践究竟有没有通过“卧薪”和“尝胆”两种手段来激励自己呢？

## 抽丝剥茧

《左传》和《国语》这两部权威历史典籍中，都没有讲到越王勾践卧薪尝胆的行为，这不能不让人生疑。西汉的司马迁在《史记·越王勾践世家》中有这么一段话：“吴既赦越，越王勾践返国，乃苦身焦思，置胆于坐，坐卧即仰胆，饮食亦尝胆也。”

这话说得十分明确，勾践确实有“尝胆”的行为。可是，“卧薪”这话怎么说呢？司马迁并没有给出更为详细的交代。

最先把“卧薪”“尝胆”这两个词连在一起用的人是苏轼。他在《拟孙权答曹操书》中说，孙权曾经“卧薪尝胆”。

**考考你**：

你知道勾践与鱼腥草有什么关系吗？

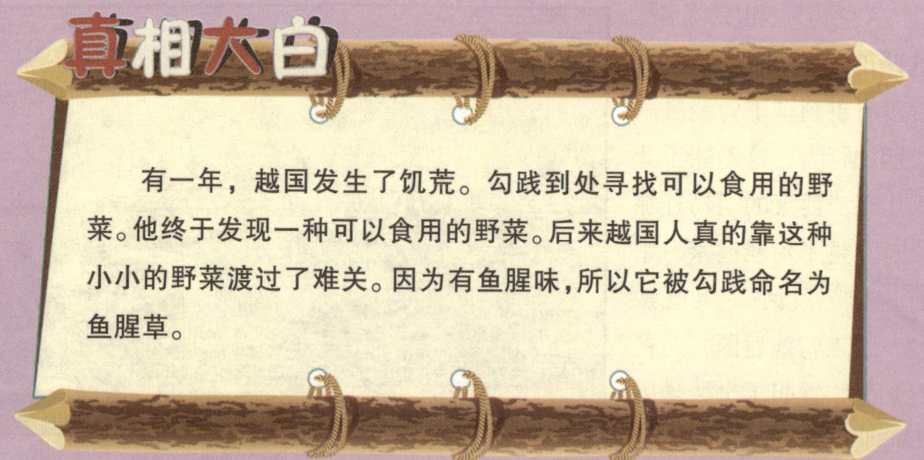

## 真相大白

有一年，越国发生了饥荒。勾践到处寻找可以食用的野菜。他终于发现一种可以食用的野菜。后来越国人真的靠这种小小的野菜渡过了难关。因为有鱼腥味，所以它被勾践命名为鱼腥草。

到了明朝末年，传奇剧本《浣纱记》中，则对越王勾践“卧薪”“尝胆”的事情进行了大篇幅的描写。清初，吴乘权在《纲鉴易知录》中写道：“勾践叛国，乃劳其凝思，卧薪尝胆。”后来，明末作家冯梦龙在其刊刻的历史小说《东周列国志》中多次提到过勾践“卧薪尝胆”的故事。这些文学作品的描述，让越王勾践“卧薪尝胆”的故事家喻户晓。

也有学者认为，东汉时期《吴越春秋》中的《勾践归国外传》中就有越王勾践“卧薪”之事记载。文中说勾践当时“苦身焦思，夜以继日，用蓼攻之以目卧”。清代马瑞辰解释说蓼就是苦菜。由此看来，勾践准备了许多“蓼薪”一定是用来磨炼意志的。那时勾践冥思苦想，日夜操劳，眼睛十分疲倦，就想睡觉，即“目卧”。但他用“蓼薪”来刺激自己，以避免睡觉。

## 未确定的结论

勾践到底有没有卧薪尝胆？目前还没有标准答案。但事实上，这不是最重要的，最重要的是学习勾践百折不挠的精神。

**考考你：**

何谓“天下第一剑”？

越王勾践剑是一把绝世兵刃。此剑寒气逼人、锋利无比，历经两千四百余年，纹饰仍然清晰精美，加上它以人名命名，此剑被当世之人誉为“天下第一剑”。

## 挠头的谜题

在战乱频频的十六国时期，人口稀少、极不开化的鲜卑族的拓跋部消灭了群雄，统一了北方，建立起庞大的北魏帝国。从此，开启了一个胡汉分治南北的新时代——南北朝时期。

北魏帝国创始者就是拓跋珪，他是一个传奇式的英雄人物，也是历史上一个有争议的人物，在他不到 40 年的人生中，前后竟然判若两人，给人们留下诸多迷惑与不解。

**考考你：**

拓跋珪是怎么死的？

## 真相大白

拓跋珪晚年刚愎自用，猜忌多疑。公元 409 年，次子拓跋绍之母贺夫人有过失，拓跋珪幽禁她于宫中，准备处死。贺氏秘密向拓跋绍求救，拓跋绍当晚带人翻墙入宫，杀死了拓跋珪。

## 拓跋珪变脸档案

拓跋珪小的时候，生活多灾多难。可是，坎坷的经历锻炼了拓跋珪，为他的崛起打下了牢固的基础。在前秦灭亡后，拓跋联盟重建，16 岁的拓跋珪便被推举为代王，后改称为魏王。

拓跋珪先是大义灭亲，杀了觊觎王位的叔叔，又一举兼并了势力强大的独孤部族。接着，他又与中原的后燕联兵，彻底打败了强盛的宿敌铁弗部。

**考考你**:

你知道拓跋珪前期的政绩有哪些吗？

## 真相大白

拓跋珪在位期间，对外遏制了柔然等族的袭扰，稳固了北魏的边疆；对内迁都“平城”，称帝建国，制定礼仪。他大兴农业，开立屯田，而且亲自参加农业劳动，稳固了北魏的经济基础。

在控制好塞北后，他挥兵东下，快速占领后燕的黄河以北的广大地区。不久，拓跋珪重立国号为魏，定都平城。

然而，不过短短的 10 年时间，有着赫赫战功的盖世英雄拓跋珪，却变成了另一副模样：他焦虑不安，常常好几天不吃饭，整夜整夜睁着眼睛到天明。而且，他还变得十分多疑，时常怀疑身边的人。如果大臣们的脸色有了变化，或是喘气的节奏不对劲，或是走路的样子很别扭，他都会以为是对他不敬，是怀恨在心。

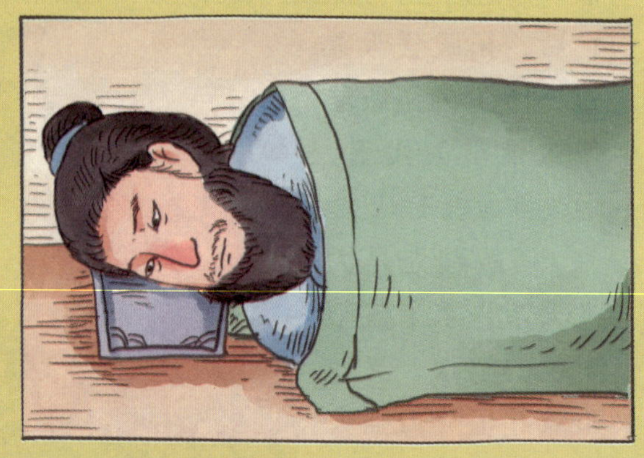

**考考你**：

服用寒食散等于慢性自杀？

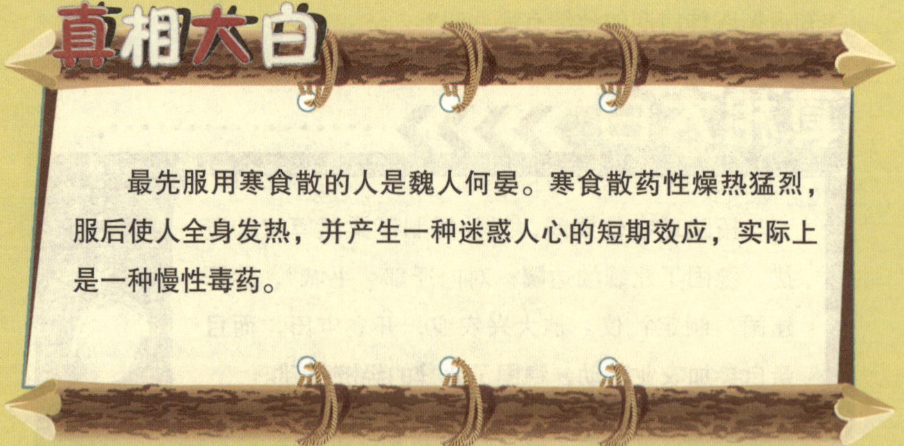


最先服用寒食散的人是魏人何晏。寒食散药性燥热猛烈，服后使人全身发热，并产生一种迷惑人心的短期效应，实际上是一种慢性毒药。

于是，拓跋珪殴打这些大臣，陈尸殿前。拓跋珪变得越来越怪异，自言自语，就像在和身边看不到的事物对话。如果有朝臣不识时务地在这时来到他面前，他就会不由分说地把他们统统杀掉。

## 抽丝剥茧

对于拓跋珪这种反常行为，后人曾有过多种解释：有人斥责他生性残暴；有人骂他是夷狄本性。更有学者认为，以上的观点都是以正常人的标准评价拓跋珪，其实这位盖世英雄患上了严重的精神分裂症，他的那些怪异行为，都属于精神分裂症的正常表现。

那么，拓跋珪为什么会患上精神分裂症呢？专家们从外部因素和身体内部因素进行了分析。

魏晋南北朝时期，名士大谈玄学，信仰道教，注重生命的存在，希望求得长生不老。所以，当时特别流行服食一种名为寒食散的药物。

## 未确定的结论

拓跋珪只活了 39 岁，他短暂的一生前后竟会如此不同，这是否来自于精神分裂症的折磨，恐怕也永远成为历史上的疑案之一了。

曾青

白矾

磁石

丹砂

硫

寒食散

# 李世民是如何弑兄篡位的

## 挠头的谜题

李世民自打“玄武门之变”夺权称帝之后，就积极听取群臣意见，成为了杰出的政治家与一代明君。

然而，玄武门之变当天到底发生了什么事呢？

## 抽丝剥茧

唐高祖武德九年（公元 626 年）六月初四凌晨，太子李建成和四皇子齐王李元吉从长安城北门玄武门进宫朝见高祖李渊。二皇子秦王李世民率领一队人马赶了过来，拉弓上箭，一下便射死了李建成。李元吉也为尉迟

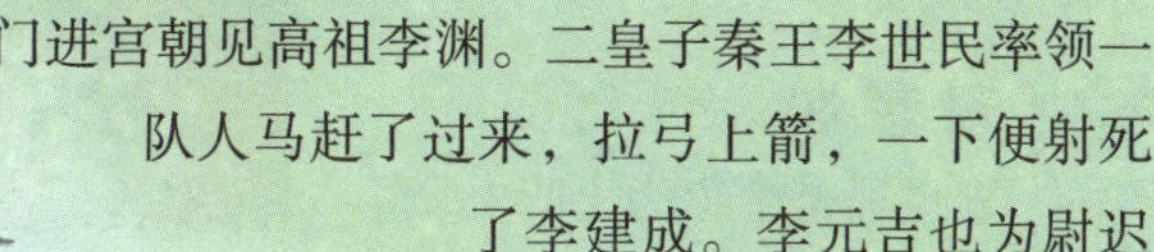

敬德所杀。随后，李世民诛杀了两家老小，并带兵进宫朝见李渊，说二人谋反。对这一血腥的事实，该做怎样的评价？

**考考你：**

李世民是个大力士吗？

## 真相大白

野史中记载，李世民力大无比，武艺超群。一次，李世民仅带一名骑兵去侦察敌情。两人在休息时被敌军包围，两人察觉后上马逃亡，李世民左右开弓，百发百中，终于逃出包围。

## 自卫之说

有些史书记载，由于李世民在灭隋兴唐的事业中展现出雄才大略，李渊也有意改立他为太子，所以李建成和李元吉暗中勾结，蓄谋杀死李世民。

而在玄武门之变的前不久，李世民去李元吉的家里喝酒，才喝了几杯，肚子就疼得受不了，被人背回家，然后又吐了好多血，这条命差点儿交待了。李建成和李元吉此次进宫，也正是为了向李渊参劾李世民。

如此看来，玄武门之变是早晚的事，就看是谁先动手了。而李世民抢了先机。不然，倒在血泊中的就是他了。

## 预谋杀兄篡位说

李世民早想要杀兄篡位。而李渊则迫于他手中掌握着兵权才下诏改立李世民为太子。

李世民被李渊封为天策上将之后，就自立天策府，召集天下有识之士，共同商讨国家大事。天策府的权威甚至能够与太子、皇帝相提并论。

而且，李世民利用连年带兵征战的机会，暗中培养了一大批能为李世民赴汤蹈火的特种兵。

李渊曾向李世民许诺，一旦得了天下，就封他为太子。可是，李渊登基做了皇帝，却将李建成立为太子。由此可见，李渊对李世民并不是十分信任的。李世民也因此怀恨在心，一心想要自立门户。

而玄武门之变后不久，李渊就退位当了太上皇，让李世民君临天下，这也从侧面为此说法做了一个佐证。

## 李渊暗中相助说

尽管李世民有篡位之心，可他还得有李渊的暗中扶持。由于李建成是长子，按照封建观念，废长立幼是不合乎礼制的。李建成当太子已经很长时间了，也培养了一批亲信势力。如果此时改立太子，一定会引起兵变，以致天下大乱。

李建成和李世民都才华横溢，李建成贪图酒色，性格有些优柔寡断，不像李世民那般坚韧决断。所以，李渊早就有意传位于李世民。后来，李建成和李世民的矛盾斗争过程中，李渊始终小心翼翼地暗中保护着李世民。先是封李世民为天策上将，给他莫大的权势和荣誉，后来又派李世民征讨突厥，合理合法地控制了兵权。并且，李渊还准备将富庶天下的洛阳一带赐给李世民当根

据地使用。李建成和李元吉几次明里暗里劝说李渊杀了李世民，都被拒绝了。由此可见，玄武门之变实际上都在李渊的预料之中。

## 未确定的结论

以上种种说法都言之凿凿，很难判定谁是谁非。但从李世民登基以后的种种作为来看，他确实无愧于明君的称号。

**考考你**：
“鹞死怀中”是怎么回事？

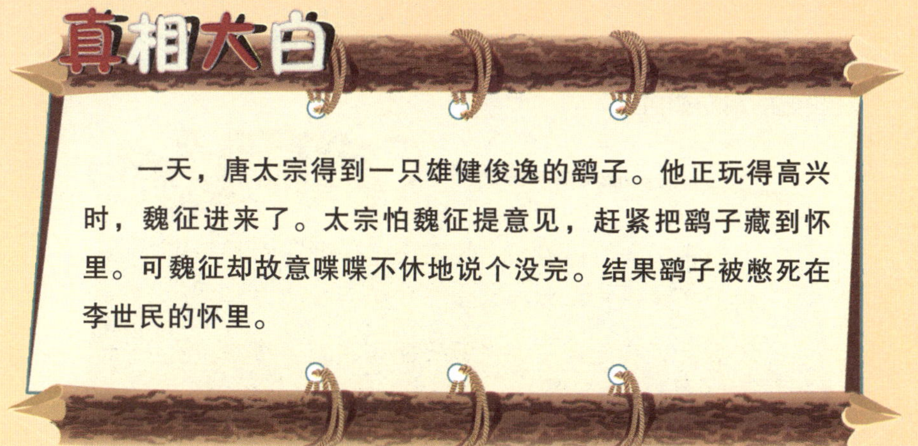

## 真相大白

一天，唐太宗得到一只雄健俊逸的鹞子。他正玩得高兴时，魏征进来了。太宗怕魏征提意见，赶紧把鹞子藏到怀里。可魏征却故意喋喋不休地说个没完。结果鹞子被憋死在李世民的怀里。

## 挠头的谜题

古时候，戏班子的后台，通常会供奉着一尊神像，是一位身穿黄袍、面相白净的帅哥。这就是老郎神，也称梨园神。

这位神仙是谁？很多人都认为是唐玄宗——李隆基。那么，为什么李隆基会被称为梨园神呢？

**考考你**：
杨贵妃的结局如何？

## 真相大白

唐玄宗与杨贵妃的故事流传千古，而对于杨贵妃的死亡更是说法各异，比较传统的说法是死于兵乱，甚至还有人说杨贵妃东渡到了日本，更有人声称自己是杨贵妃的后人。

## 抽丝剥茧

李隆基自幼酷爱艺术，对音乐、舞蹈等十分精通，而且十分器重艺人。不管是巡游还是出行，他都喜欢结交音乐、舞蹈和戏曲方面的朋友。

戏曲行当也称梨园行，戏曲演员也称梨园子弟，因唐代长安城中的梨园而得名。梨园是那时候宫廷培训和管理乐舞的专门机构，成员由李隆基亲自挑选，优秀的乐师就足足有三百多人，再加上能歌善舞的宫女几百名，形成了一个庞大的皇家歌舞团。他们在梨园里排练，李隆基担任梨园的校长，还亲自担任指挥。

有了李隆基的参与，歌舞戏剧排演得很成功。李隆基身兼数职，又是演员，又是作曲，还担当指挥和导演，他参与创作了《霓裳羽衣曲》《凌波曲》和《紫云回》等，反响空前。

**考考你**：
你还知道哪些才子皇帝吗？

## 真相大白

历史上才学出众、技艺超群的皇帝也有不少。南唐后主李煜的书画俱佳，又通晓音律；宋徽宗的花鸟丹青、瘦金体书法皆独树一帜。只可惜，这两位才子皇帝恰恰都是亡国之君。

## 梨园究竟在何处

有人认为，梨园在今陕西西安市东的临潼县骊山秀岭峡，还有人认为今西安市城东南隅曲江池附近才是梨园的真正所在地，汉武帝时这里曾植梨树百株。由于年代久远，梨园的确切地址已无从考证。

安史之乱以后，李隆基以太上皇的身份返回长安。子不孝，臣不贤，闲着无事的李隆基只好将一腔的悲怨转移到对音乐、戏曲的热爱中。

可是不久，李隆基便因抑郁病倒了。在病中，他对音乐仍不能忘怀，去世前一天夜里，他还拿出自己心爱的紫玉笛，吹奏了一番。

公元 762 年 4 月甲寅日,李隆基死于宫中,终年 78 岁。

## 未确定的结论

李隆基生前贵为皇帝，驾崩后定然会被尊为神。而因为他创辟梨园，为中国的音乐、舞蹈、戏曲、杂技等演艺事业的独特贡献，后人将他尊为梨园神敬奉，是理所当然的。

**考考你**:

你听过李隆基饮酒的故事吗?

## 真相大白

李隆基曾和几个书生饮酒。书生不知他的身份，便要比祖上的官职来喝酒。听完，李隆基便说把酒都端过来吧！李隆基喝完方说道：“我祖上都是天子，我是太子。”说完便离开了。

# 明建文帝在靖难之役中究竟是生是死

## 挠头的谜题

朱元璋的儿子朱棣凭着开国战功是很有资格做皇帝的，可是无奈，帝王之位一般是传给长子，而朱棣是老四。大儿子朱标平庸了点儿，可人家出生得早啊，是正统的长子。所以，朱元璋想了又想，最终还是没选朱棣。虽然这朱标哪儿哪儿都不如朱棣，可人家偏偏就生了个好儿子——朱允炆，也就是建文帝。

**考考你：**

你知道朱棣的生母是谁吗？

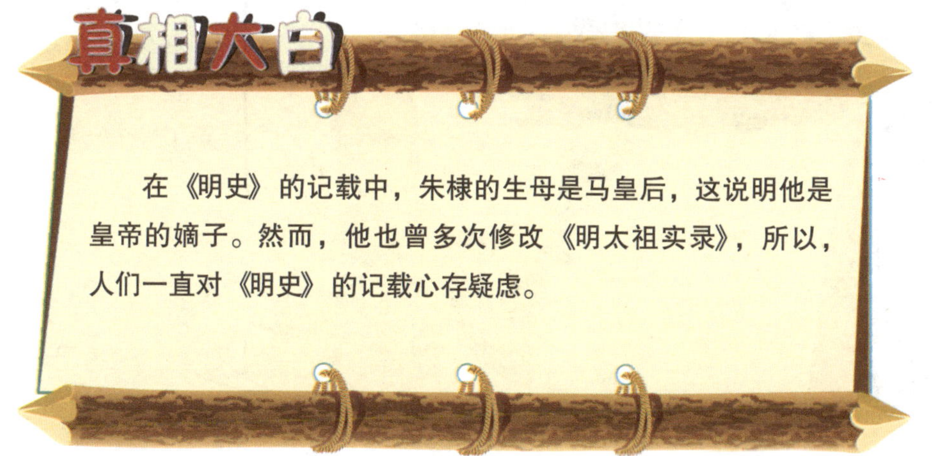

## 真相大白

在《明史》的记载中，朱棣的生母是马皇后，这说明他是皇帝的嫡子。然而，他也曾多次修改《明太祖实录》，所以，人们一直对《明史》的记载心存疑虑。

朱允炆是标准的优秀青年，英俊帅气，知书达理，别人提到他都竖起大拇指。后来，朱标死在了朱元璋的前面，朱元璋便直接把皇位传给了心仪的孙子朱允炆。朱允炆走马上任后，干的第一件事就是“削藩”，就是削减自己的叔叔朱棣的权力。

1402 年，朱允炆被爷爷朱元璋推上皇位的第四年，朱棣起兵叛乱。朱棣可不是一般的能打，一下就打赢了，大军逼到了当时的首都南京。听着宫门外一片喊杀声，眼看叛军就要冲进来，朱允炆一声长叹，缓缓地拿起烛台，点燃了窗帘，大火烧毁了整个宫殿。

## 欣赏：朱棣的演技

朱棣进了城，只看到烧得乱七八糟的一片废墟，还有几具焦糊的尸体，他随便抱起其中一具尸体哀号道：“我的好侄子啊！你怎么就这么想不开哟！你听信谗言做错了事我也不怪你哟！你自杀丢下我这个叔叔孤苦伶仃怎么活哟！

如果当年有奥斯卡奖，朱棣准能拿个最佳表演奖。逼死皇帝这帽子扣上可不好摘，朱棣得想办法挽回点儿政治影响。所以，刚坐上皇帝的宝座，朱棣就笑了。

那么，朱允炆真的死了吗？正史里，对朱允炆最后的归宿只用了三个字——帝自焚。焚是焚了，那究竟有没有焚死呢？

**考考你**：

你知道郑和下西洋的秘密任务是什么吗？

朱棣登基后依然对朱允炆的生死耿耿于怀，通过对史料的研究，人们可以发现郑和七下西洋与寻找建文帝朱允炆也有着一定的联系，虽然证据不足，但不能排除这一可能性的存在。

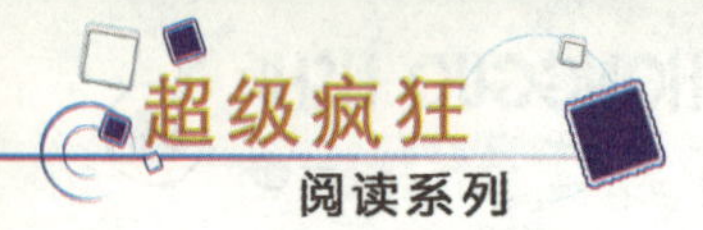


## 抽丝剥茧

有人说，当朱棣攻进南京时，朱允炆手足无措，一个大臣就提醒他，说朱元璋驾崩前，留了个锦盒让他在危急时刻再打开。朱允炆急忙打开这个锦盒，里面有三样好东西：袈裟、剃刀和僧人使用的度碟。朱允炆心领神会，这是爷爷要他打扮成和尚逃跑。锦盒里还有提示，说皇宫里有一条秘密通道。于是，朱允炆依照此法逃出了皇宫。

有人提出反对意见，说留锦盒什么的那是诸葛亮的最爱，朱元璋不可能如此先知先觉，他要是算出来有今天，为何当初不杀掉朱棣，还费劲又留锦盒又

**考考你**：

朱允炆的确出家了吗？

## 真相大白

据说，朱允炆逃离京城后，颠沛流离，千方百计逃避追杀，后隐居于湄江的观音崖一带，诚心向佛，终了一生，著名的藏君洞也因此而得名。

挖地道呢？

然而，《明史考证》里有一段文字，说宫中阴沟，直通土城之外，高丈二，宽八尺，足行一人一马，备临祸逃出。

耳听为虚，眼见为实，有地道也得真的找到了才算数。还真别说，在 1978 年的时候，这条地道闪亮登场了。当时有个南京钢锉厂要建新楼，新楼要建个地下室，结果挖出个地道，地道的情形与《明史考证》里描述的一点儿不差。而且地道的地址就在当年明皇宫的旁边。

由于地道没有直接通到宫里，所以顶多是个“疑似”。按理说宫里也应该有一段地道，这段地道在哪里呢？

2005 年，有人又在清凉寺的旁边发现了一个明代涵洞，这个尘封数百年的涵洞就在原明皇宫的宫城下。

## 未确定的结论

密道之谜被揭开了，朱元璋神机妙算帮助朱允炆逃脱的故事也变得真实起来。然而，要确切地考证建文帝的下落，仍然如雾里探花。

## 挠头的谜题

努尔哈赤于天命十一年（1626年）八月十一日病逝，努尔哈赤临终前没有明确选出汗位继承人，而努尔哈赤的儿子们想要继承汗位者也不止一两个，所以，他们之间早已展开明争暗斗。

九月初一，众贝勒及文武大臣聚会于朝，焚香告天，行九拜之礼，以祝贺皇太极即汗位。

可是，皇太极究竟是怎样登上皇位的呢？

**考考你：**

多尔衮娶了皇太极的遗孀了吗？

## 真相大白

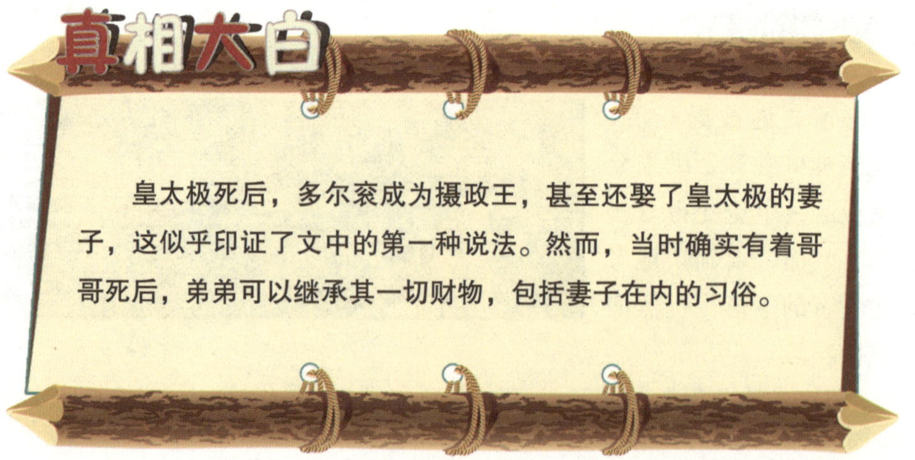

皇太极死后，多尔衮成为摄政王，甚至还娶了皇太极的妻子，这似乎印证了文中的第一种说法。然而，当时确实有着哥哥死后，弟弟可以继承其一切财物，包括妻子在内的习俗。

## 抽丝剥茧

第一种说法，皇太极的汗位是从他的小弟多尔衮手中篡夺来的。

清人蒋良骐的《东华录》中记载，多尔衮声称“太宗文皇帝（皇太极）之位原系夺立”，暗示皇太极篡夺汗位。据传，努尔哈赤生前已立多尔衮为嗣子，而皇太极则施手段从弟弟手中夺取了汗位。他还逼着多尔衮的母亲大妃那拉氏殉葬。

这种说法受到一些人的质疑，当时多尔衮才 15 岁，既没有建功立业，也没有什么威望，努尔哈赤根本不可能立多尔衮为嗣。皇太极即位后，对多尔衮十分器重，大力提拔他。而多尔衮也是知恩图报，尽心尽力帮助皇太极打江山，立了不少的功劳。

总之，皇太极与多尔衮兄弟情深，很难想象哥哥会对弟弟干下篡位、杀母的穷凶极恶的事情来。

第二种说法，皇太极的汗位是通过激烈的争斗，打败许多竞争对手凭着实力才得到的。

努尔哈赤死后，皇太极与诸多贝勒争夺汗位。

这期间，以皇太极和代善的竞争最为激烈。代善有政绩，有声望，还不缺权势，他始终是汗位的有力竞争者。皇太极抓住一切能抓住的机会来打击代善。

他通过一些方法知道了代善与那拉氏的关系十分暧昧，于是暗中推波助澜。最后，借助大众舆论，促使努尔哈赤罢黜了那拉氏，而代善的威望也受到了一定影响。努尔哈赤死后，皇太极则逼那拉氏殉葬，借以削弱代善的势力。而最终，代善被其压制，没能夺取汗位。

第三种说法，皇太极汗位并不是抢夺过来的，而是民主选举，由诸位贝勒爷推举产生的。

努尔哈赤生前没有立嗣子，只确立了八和硕贝勒共治国政的制度，为汗者须请贝勒推举产生。诸多的贝勒中，四贝勒皇太极的实力最为强大。努尔哈赤去世当天，代善说："四贝勒才德冠世，深契先帝圣心，众皆悦服，当速继大位。"

第二天，在诸贝勒大臣都聚在一起的时候，代善便提议推举皇太极为汗，诸贝勒"皆喜曰善。议遂定，乃合词请上即位"。

关于这件事，朝鲜史籍《鲁庵文集》中的记载则更有戏剧性。代善表示，照努尔哈赤的遗愿，应该立皇太极为汗。皇太极则推辞，坚称要立代善为汗。然而，国不可一日无君，大臣们一会儿去请代善，一会儿去拉皇太极，不停地号呼奔走于两人之间。代善见此情形，心想这样终不是个办法，便暗中谋划，让大家拥护皇太极即位。

**考考你：**

皇太极是一位"火炮专家"吗？

## 真相大白

**皇太极大力发展开矿，开办大型冶炼场。特别是从明朝方面得到先进技术，因而工艺水平得到了很大的提高。后金很快就能独立制造大炮，并在对明战争中发挥作用。**

可是，话说回来，以当时的情形，民主推举皇太极为汗也不是没可能。当时的人们十分崇尚武功，皇太极的武功超强，远远超过才十几岁的多尔衮，与代善比也差不了多少。而且，皇太极在政治见解与军事才能上都要胜出一些。而推举才能卓著的皇太极即位，也是再正常不过的事情。

## 未确定的结论

或许，皇太极并不是努尔哈赤心目中理想的继位之人，但是，也不能确定皇太极的皇位是篡夺而来的。由此看来，只有努尔哈赤和皇太极本人才知道真相了。

**考考你：**

多尔衮的下场如何？

顺治七年冬，多尔衮出猎边外，后死于喀喇城，年仅 39 岁。顺治亲政后，被首告“阴谋篡逆”，诏削爵，平毁墓葬，家产尽没。后来，乾隆帝又为多尔衮昭雪，恢复了多尔衮的封号。

南迁！

练兵！

撤关！

## 挠头的谜题

崇祯十七年（1644 年）三月，李自成的大军进逼京城，为研究破敌之计，崇祯帝天天都要召见大臣，甚至一天要见三次。一开始，大家都认真仔细地替崇祯帝想办法，提出“南迁”“撤关”等，但崇祯帝总是拿不定主意，不能决断。慢慢地，大臣们也失去了激情。

不久，守城的人来报，守城军队支撑不住了。崇祯帝再次召见文武诸臣，大家还是沉默不语。崇祯帝大哭道："诸臣误朕至此!"大臣们心里也不服气，明明是皇帝自己拿不定主意，却要埋怨他们。

崇祯帝流着泪恳请大臣们想办法，大臣们的回应也只是泪流满面。有位大臣走向前来，崇祯帝一见，立刻就收住了泪水，准备好好听听这位大臣的高见。

这位大臣说："当务之急为考选科道。"

**考考你**:

崇祯帝的政绩如何?

## 真相大白

史学家认为，崇祯是我国最勤政的皇帝之一。史书记载，崇祯二十多岁便已满头白发，眼长鱼尾纹，可以说是旰食宵衣，朝乾夕惕，而在很多影视和文学作品中，他却是昏庸无能的皇帝形象。

崇祯帝本来以为他有什么良策，却还是那一套老话。这位大臣一起头，不少大臣就跟着说开了，什么这人能用，那人该用的。崇祯帝早就不耐烦了，俯首在御案上“唰唰”写了“文武官个个可杀”七个大字。他大吼道：“既然这样，不如大家一起在奉先殿统统自尽吧!”

崇祯帝起身示意退朝，不久便自尽身亡。那么，崇祯帝究竟怎么死的？死于何地呢？

## 抽丝剥茧

关于崇祯帝的死,真是众说纷纭。

### 《明季北略》卷二十记载道：

丁未五鼓，上御前殿，与二人手自鸣钟集百官，无一至者。遂散遣内员，手携王承恩，入内苑，人皆莫知，上登万岁山之寿皇亭，即煤山之红阁也。亭新成，先帝为阅内操特建者……遂自尽于亭下海棠树下，太监王承恩对面缢死。

**考考你：**

崇祯帝曾杀死自己的女儿吗？

## 真相大白

李自成的起义军攻进北京城后，崇祯皇帝在万般无奈下，只得自杀。他死前曾把屠刀指向了自己的女儿长平公主。而公主死前的最后一句话竟是“愿世世代代无生帝王家”。

《明史》卷三百九《流贼传》记载道：

> 十九日丁未，天未明，皇城不守，鸣钟集百官，无至者。乃复登煤山，书衣襟为遗诏，以帛自缢于山亭，帝遂崩。

《明之述略》中却说：

> 丁未，内城陷，帝崩于西山。

## 未确定的结论

由此看来，崇祯究竟怎么死的，死于何地，到现在还是个谜。一个力图中兴的君主最后竟落得这样凄惨的结果，令人深思。

## 挠头的谜题

清世祖顺治是清朝入关以后第一位皇帝，也是最特殊的一位皇帝。中国人都知道，他“为爱出家”。

然而，顺治为爱出家是真的吗？

## 抽丝剥茧

吴梅村是一个文官，他有一个兴趣爱好，就是将清宫里的八卦秘闻写进他的诗里面。当然，顾及到皇室颜面与宫中机密，诗中也不能明写，否则会人头落地，所以老吴就用暗语将一些内情写入诗中。

**考考你**：

董鄂妃到底是什么人？

## 真相大白

有人说董鄂妃另有其人，有人说根本就没有董鄂妃，还有人说董鄂妃是青楼女子。总之，多种多样的说法为顺治帝和董鄂妃的故事增添了无限的魅力。

他的《清凉山赞佛诗》里暗示顺治去了五台山。这个说法在民间炸开了锅，好好的皇帝不当，跑到五台山去做和尚，那不是吃错药了就是发神经了。

而诗人吴梅村为了充分满足世人的好奇心，就把顺治出家的原因也抖了出来。

他在诗中写道：“可怜千里草，萎落无颜色。”这句诗是个字谜，这个千里草，就是草字头底下千里二字重叠，这分明也是个“董”字。

老吴费了半天劲，就是为了告诉人们，顺治出家，与董姓女子有着莫大的关系。一代天子就是为了爱情当了和尚的。

在董鄂妃去世的当月，顺治为自己举行了一个特殊的仪式——皈依佛门的剃度仪式。听说顺治剃了发，孝庄太后气得大哭一场，带着众人想阻挠顺治出家。然而，顺治这回可是铁了心，死活不愿意回去当皇帝了。孝庄太后使出了杀手锏，找到了给顺治剃头的人的师父。师父看自己徒弟居然敢给皇帝剃了头发，就决定清理门户，架起了柴火，点了火，准备把徒弟烧死。

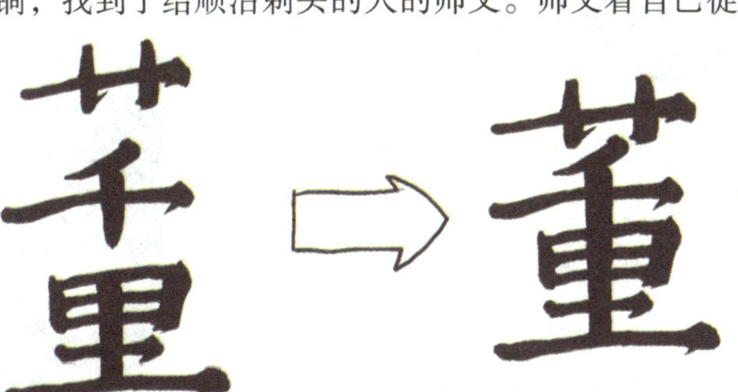

**考考你**：

顺治的佛前替身是谁？

## 真相大白

《平圃杂记》记载：顺治十七年底，福临染上天花，礼部奉旨撤去元旦大朝庆贺礼。正月初二，顺治为祈求佛法庇佑，把最宠信的太监吴良辅送到悯忠寺剃度，作为自己的佛前替身。

顺治一看这架势就慌了神，佛家有云：慈悲为怀。不能因为自己要出家而闹出人命。就这样，在反对势力的阻挠下，顺治放弃了自己出家的念头。

清顺治十八年（1661 年）正月初六，顺治回到皇宫两个月的时候，京城的百姓还沉浸在过大年的快乐气氛中，而就在这天的半夜，紫禁城里传来了一个令人震惊的消息——顺治驾崩了。

顺治终年 24 岁，正是朝气蓬勃的年龄，怎么会死呢？

来自官方的权威资料写道：清世祖顺治帝的死亡时间是清顺治十八年正月初六，死亡地点是紫禁城。

鉴定书并没有说明顺治的死因。实际上，在清朝的各种文件中，不管是公开的还是内参的，只要是涉及到顺治的死因，都是一片空白。

## 未确定的结论

顺治并没有真正出家，而他的死因或许是天花，或许是政治谋杀，也或许是自杀，这成了留给后人的一道千古谜题。

## 锦上添花

管理清宫机密文件的王熙在《王熙自传年谱》中描写道，顺治是死于宫中的一场瘟疫。这场瘟疫便是天花，这种病在当时就是绝症。而顺治作为入主中原的第一位皇帝，得了这个病是万万不能宣扬的。因为满族人总认为，得天花就是老天爷反对他们入主中原。若百姓听说皇帝死于这个病，定会引起轩然大波。所以为了政治稳定，就要守口如瓶。

或许所有关于顺治死因的猜测都是为天花之病做掩护。

## 历史科普馆

康熙是清朝第二位皇帝即清圣祖的年号，代指康熙皇帝爱新觉罗·玄烨。因为明清时的每代帝王都有一个固定的年号，因而往往以年号代称帝王。康熙谥号合天弘运文武睿哲恭俭宽裕孝敬诚信中和功德大成仁皇帝。他是中国历史上在位时间最长、文治武功极为卓越、为中国历史做出了重大贡献的皇帝。

康熙

## 匆忙登基

玄烨是顺治帝福临的第三个儿子，母亲身份也不尊贵，仅仅是一个庶妃，所以小时候的玄烨根本没有受到顺治帝的重视。顺治帝 24 岁就英年早逝，而生前又没有册立太子，临终时接受汤若望的建议，才册立玄烨为皇太子。而册立的理由却非常简单，仅仅是因为玄烨出过天花，具有免疫力。

天花是由天花病毒引起的一种急性传染病，能够通过空气传染，并且无药可治。人感染天花后就会头痛、高烧、出疱疹，这在当时的医学条件下是一种死亡率非常高的疾病。不过，如果得过天花并且痊愈，那么就不会再感染天花病毒了。随着医学技术的发展，天花成为世界范围内被人类消灭的第一个传染病，可以通过疫苗来预防。

康熙六年，也就是公元 1667 年，康熙在太和殿举行正式登基仪式。第二年，就在祖母太皇太后孝庄文皇后的帮助与自己的计谋下，逮捕了顾命大臣鳌拜，并由其手中夺回朝廷大权，开始了真正的亲政。

## 疯狂的历史学家说

鳌拜是镶黄旗人，开国元勋，战功赫赫。辅佐三代君主，还是康熙的辅政大臣之一。但他却结党营私，日益骄横，不顾康熙旨意，先后杀死户部尚书苏纳海、直隶总督朱昌祚、巡抚王登联与辅政大臣苏克萨哈等政敌，引起朝野惊恐，康熙震怒。

少年天子便找来一群少年子弟，让他们在宫中练习摔跤。鳌拜进宫时，就被这群少年群拥而上，将他放倒……开玩笑吧？鳌拜想。直到他的双手双腿都被捆绑起来，他才知道自己的麻烦大了。但是康熙念及他的功劳，没有杀他，而是终身囚禁。

## 政绩卓著

康熙亲政后，实施一系列军事手段，维护了祖国的统一。他平定三藩，使还不稳定的清初政权避免了覆灭的危机；他三次亲征噶尔丹，还抵御了沙俄对黑龙江流域的侵略，让大清边疆得到了近两百年的稳定；他收复台湾，派兵入藏，奠定了中国版图的基础。

想我沙场征战多年，如今竟被一群少年擒住！

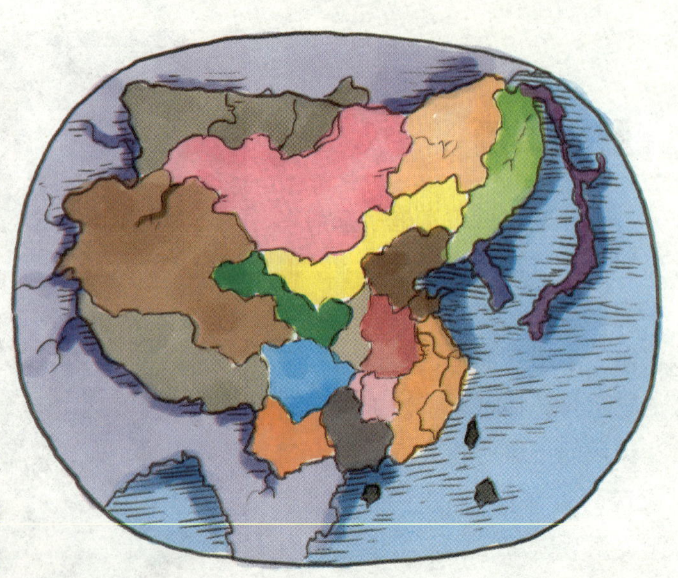

当时清朝的疆域，东起大海，西至葱岭，南到曾母暗沙，北达外兴安岭，西北到巴尔喀什湖，东北到库页岛，总面积为 1 300 万平方千米。

康熙还整顿吏治，停止了八旗子弟圈地，放宽垦荒地的免税年限。为了防止被臣下蒙蔽欺骗，康熙还亲自出京巡视，了解民情吏治。康熙也可以说是历史上“公费旅游”的鼻祖了，他 6 次南巡、三次东巡、一次西巡、数百次巡查京畿和蒙古，虽然加强了对民情的了解，但是耗费了巨额的政府财富。

康熙崇尚儒学，创建了南书房制度，并亲临曲阜拜谒孔庙。康熙还组织编辑与出版了《康熙字典》《古今图书集成》《历象考成》《数理精蕴》《康熙永年历法》

**考考你：**

你知道康熙除掉鳌拜后的“灭三藩”行动中的“三藩”指的是哪些人吗？

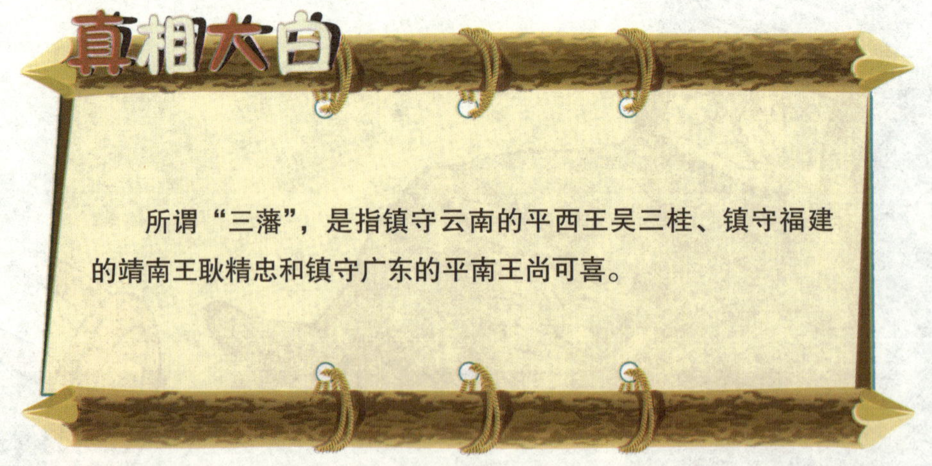


所谓“三藩”，是指镇守云南的平西王吴三桂、镇守福建的靖南王耿精忠和镇守广东的平南王尚可喜。

《康熙皇舆全览图》等图书、历法和地图。这个中国皇帝对西方的文化也十分感兴趣，向来华传教士学习代数、几何、天文、医学等方面的知识，甚至还对基督教感兴趣，不过这只限于个人兴趣，康熙并不鼓励对国民进行科学教育。

而外国传教士们和使节们对我们的大清皇帝印象也颇为不错。

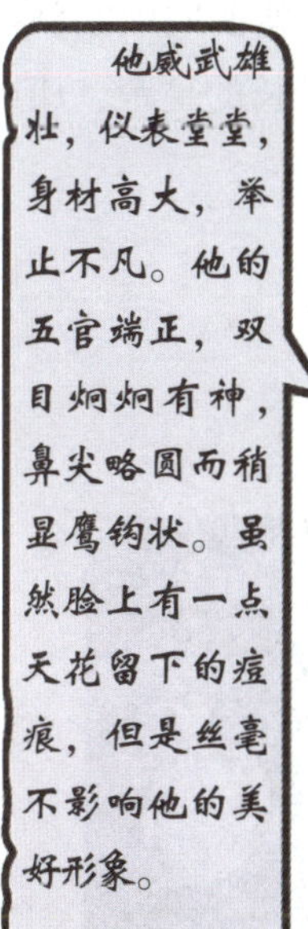

## 传位疑云

康熙原本立皇次子胤礽为太子，但是几十年后，太子资质不佳，又在朝中结党营私，康熙就废了太子。没想到却招致其他皇子起了觊觎皇位之心。康熙的皇子们对于皇位的争斗抢夺甚至直到康熙逝世后也没有停止。康熙驾崩后，传位于皇四子胤禛，也就是雍正皇帝。可是这却引起了其他皇子的不满，尤其是皇十四子胤禵，因为康熙生前很喜爱这个儿子。

## 未确定的结论

无论康熙传位与谁都已经不重要了，但不可否认的是，清朝前期国家状况十分好，这与其 60 年的统治是分不开的。作为中国在位时间最长的皇帝，康熙无疑是一个十分成功的统治者。

**? 考考你：**

康熙是如何对待逃税的人的？

## 真相大白

康熙年间，苏州一带很多士绅都逃税，康熙下令一律取消他们的功名，而在顺治时的“探花”叶子蔼因欠税一两而上书求情：“所欠一厘，准令制钱一文”。可康熙还是照样将其贬为庶民。

# 光绪帝因何而死

## 挠头的谜题

1908年11月14日下午5点，光绪帝去世，享年38岁。

光绪死后，没有让朝臣瞻仰遗容，就直接入殓了。而光绪死的前一天，光绪的弟弟醇亲王载沣刚满3岁的儿子溥仪，突然被接到皇宫生活，而同一天，载沣本人也被封为摄政王，参与掌管朝政。这种种的异常就像有人算准了光绪帝第二天会驾崩，得赶在皇帝死前把后事安排好一般。那么，光绪帝到底是因何而死的呢？

## 抽丝剥茧

根据官方的说法，光绪帝是病死的。他能拖到 1908 年就已经算是个奇迹了。

然而，光绪去世一百年以后，出现了铁证证明光绪死于砒霜中毒。是谁害死光绪帝的呢?

第一种说法，说是袁世凯所为。据说，光绪死后不久，戊戌政变后流亡海外的康有为、梁启超就发电全国称光绪是被袁世凯下毒害死的。1898 年，为了改变大清国任列强宰割的局面，光绪在康有为、梁启超、谭嗣同等人的支持下，宣布维新变法。不过，光绪没有实权，真正的大权在慈禧那里，可慈禧反对变法。有人就出主意说：这年头，谁有枪杆子谁最大。而袁世凯手里有一批强壮的北洋新军，要是能够获取袁世凯的支持，变不变法就不是慈禧能说了算了。

于是，谭嗣同与袁世凯洽谈合作事宜，袁世凯掂量来掂量去，认为光绪只是孤家寡人一个，康有为他们又是一介书生，只有慈禧才是权力的掌握者，慈禧的下属荣禄控制着京城大量的军队。所以，袁世凯从个人利害出发，他站在了慈禧这一边。袁世凯把谭嗣同如何煽动自己逼宫一事跟慈禧说了出来。

不久，慈禧发动了戊戌政变，谭嗣同等人死的死，逃的逃，光绪也被关进了中南海三面环水的瀛台。一关就是10年。光绪对袁世凯是恨之入骨，曾在纸上画了一只乌龟，在乌龟壳上写了项城（袁世凯）两个字。接着，光绪拿把小刀对着画一阵乱刺，最后还撕得粉碎。

袁世凯明白，哪天光绪手里有了实权，那自己不会有好果子吃。于是，袁世凯先下手为强，下毒害死了光绪。

第二种说法，光绪帝是大太监李莲英害死的。德龄

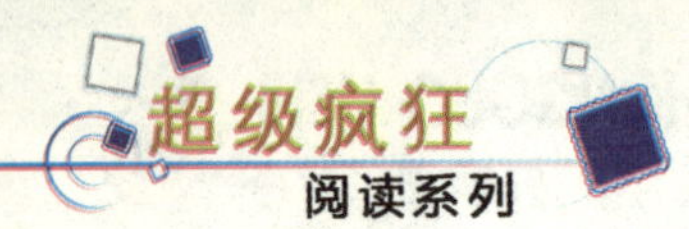


公主是慈禧的贴身女官，在老太太身边多年，对宫里各种内幕知道得不少。她在自己写的回忆录中指证李莲英便是害死光绪的凶手。李莲英仗着自己是慈禧身边的红人，没把光绪放在眼里。光绪被关在瀛台后，他也没少奚落光绪。有一回，李莲英无意中看到了光绪的日记，里面的一段话把李莲英吓得汗毛都竖起来了。

敢情这光绪表面上顺服，心里面却不安分啊！李莲英急忙向慈禧请求，让他亲自去服侍皇上的饮食起居。没多久，光绪便卧床不起了。德龄公主说是因为李莲英给光绪下了慢性毒药，神不知鬼不觉地把皇上灭了。

又有人说，是慈禧害死了光绪。慈禧真的忍心杀自己的儿子？答案是——很有可能。光绪并不是慈禧的亲生儿子，光绪的爹是她的小叔子，光绪的娘是她的亲妹妹。光绪是慈禧的侄子兼外甥。光绪虽在慈禧的扶持下坐上皇位，但慈禧可是有名的女强人，光绪只是她摆布的傀儡而已。随着光绪一天天成长，两个人的矛盾也越来越大。

**考考你：**

你知道光绪日记里的那段话是什么吗？

## 真相大白

我知道自己现在病得很重，但是，我觉得老佛爷一定会死在我之前。如果真有那么一天，我一定要下令斩杀袁世凯和李莲英。

而在生活上，慈禧觉得珍妃对光绪吹的枕边风太多，便在光绪关入瀛台后把珍妃关在另一处冷宫里，不让两人见面。这还不算，八国联军入侵北京，慈禧逃离前，还让太监把珍妃推进井里淹死了。到了这个份上，光绪和慈禧都恨不得对方死掉。

## 未确定的结论

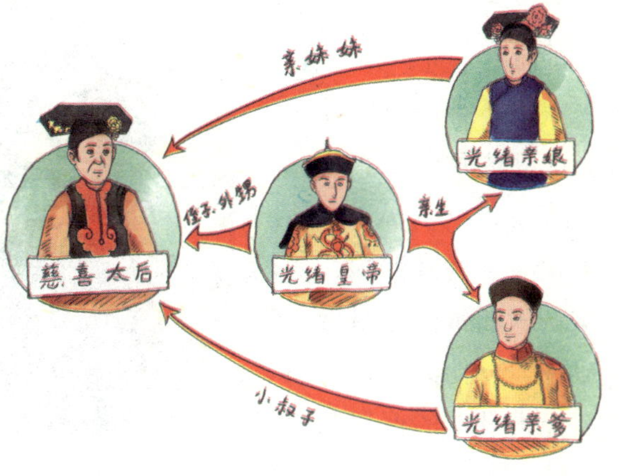


说袁世凯和李莲英下毒害死光绪，似乎有些牵强，毕竟大清朝的用药制度是相当严密的，说慈禧毒死了光绪，从动机到能力一样都不缺。但这案子到底是不是她干的呢？一百多年过去了，所有的当事人、知情人都不在人世了，这件案子也成了千古之谜，始终无解。

**考考你：**

光绪帝的死因是什么？

在由国家清史编纂委员会撰写的《清光绪帝死因研究工作报告》中记载，光绪帝是死于砒霜中毒。此外，宫廷御医的回忆录及军机大臣的日记也证实了光绪帝是急性胃肠性砒霜中毒。

# 末代皇帝溥仪葬身何处

## 挠头的谜题

溥仪是清朝的末代皇帝，辛亥革命后，宣布和平退位。国民政府不计前仇，保留了许多优待皇室的条件。

然而，九一八事变后，日本建立了伪满洲国，溥仪当上伪满洲帝国之皇帝，年号康德。以伪满洲皇帝的名号，充当日本的傀儡和侵华的工具，对中国犯下了不可饶恕的罪行。

日本战败后，溥仪企图和日军一起逃亡东京，在机场被苏军逮捕。中华人民共和国成立后，毛泽东主席特赦，并经过改造成为新公民。

**考考你：**

皇帝也有离婚的吗？

## 真相大白

文绣是溥仪的皇妃，她在不到 14 岁时便成为了溥仪的“宫妃”。令人想不到的是，文绣居然敢与溥仪离婚。这种“休夫”的胆气和行为，在中国封建史上是绝无仅有的一例。

溥仪的一生充满了传奇色彩，他的故事很多人都知道。但是，溥仪死后葬于何处却少有人知。

## 挠头的谜题

封建帝王们个个都竭尽奢华为自己修建陵寝，而中国末代皇帝溥仪也未能免俗，10 岁那年，他就在清西陵境内的泰东陵附近选好了狐仙楼，作为自己死后的“万年吉地”。

**考考你：**

你知道为溥仪选“万年吉地”的人是谁吗？

为溥仪选择“万年吉地”的负责人是精通风水的广东廉州府李青。李青踏遍了河北省易县西陵的山山水水，经过勘测与卜算，认为泰东陵旺隆村北（俗名狐仙楼），是一处上吉佳地。陵穴定在西北的山坡上，与崇陵遥遥相对，清皇室经过讨论，并派人实地验证后，认为可以选用。

可是，来看看中外历史上各个朝代的最后一位帝王的最终归宿吧，他们好像都没有做到寿终正寝。不是身首异处，就是沦为囚犯，凄凄惨惨地了却残生。而尽管溥仪没能像先祖们那样葬在生前选定的陵地上，可也没有落下悲凉的结局。

宣统二年，溥仪的“万年吉地”破土修建，采取了先地下，后地上，由后向前逐步施工的办法。施工一年有余，完成了地宫开槽奠基和明楼宝城等基础工程。然而，辛亥革命爆发，清王朝便倒台了，宣统陵寝工程被迫停止，再没有恢复兴建。

1967年10月17日凌晨2时30分，溥仪因肾癌病逝于北京人民医院。对于溥仪后事的处理，周恩来总理有十分明确的指示——其遗体火化、土葬由其家属决定，可在八宝山革命公墓、万安公墓、人民公墓或另一处墓地任意安葬或寄存骨灰。

**考考你**：

你知道溥仪剪辫子的故事吗？

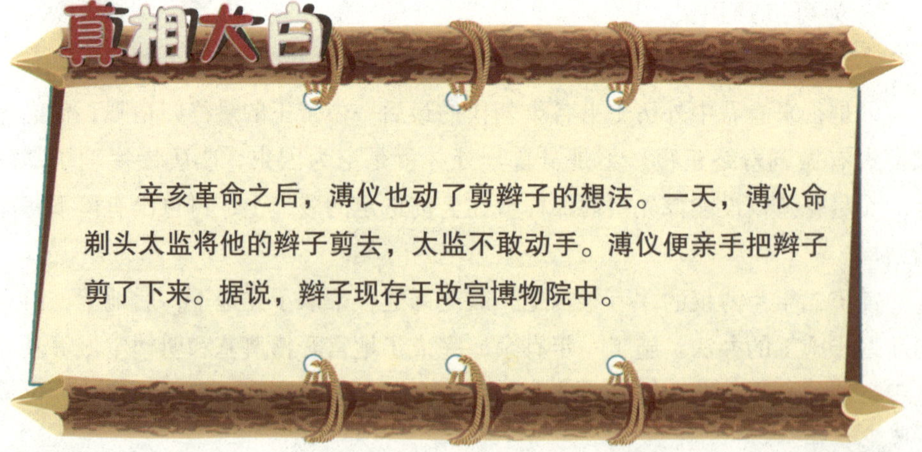

## 真相大白

辛亥革命之后，溥仪也动了剪辫子的想法。一天，溥仪命剃头太监将他的辫子剪去，太监不敢动手。溥仪便亲手把辫子剪了下来。据说，辫子现存于故宫博物院中。

起先，溥仪的家属商议，溥仪的骨灰被安放到人民公墓。后来，又被安放到八宝山革命公墓第一骨灰堂西副一室东侧 26 号格。

八宝山革命公墓是中国名声地位最高的园林式公墓，其中安葬存放了中国近百年来令人景仰的风云人物，大多是新中国成立后的各界精英忠魂。而如溥仪这位封建末代皇帝能安息其中，实在是他逝后的一大幸事。

可是，溥仪的骨灰寄存在八宝山革命公墓的骨灰堂内，并非溥仪的生前所愿。

溥仪的妻子李淑贤说，溥仪生前对自己后事有所交代，说如果条件准许，他希望土葬；如果能够土葬，他希望葬在清西陵中。

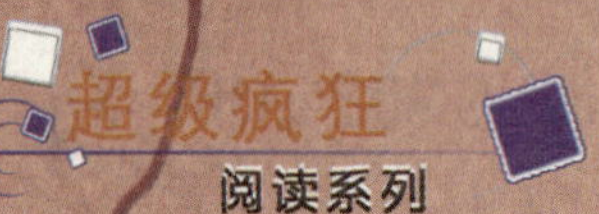


溥仪的遗愿在整整 28 年后才被满足。好在溥仪的妻子李淑贤不负亡人之愿，于 1995 年 1 月 26 日终将其骨灰迁葬在西陵境内。

然而，由于溥仪当年所选定的万年吉地已经荒败，溥仪入土清西陵也就没有安葬在此，而是安葬在清西陵境内的一处私人陵园。

# 名人趣闻

## 挠头的谜题

孔子，名丘，字仲尼，鲁国陬邑（今山东曲阜）人，他是儒家思想的创始人。孔子曾受到历代统治者的加封，头上的光环众多，被封建社会的统治者尊称为“圣人”。然而，孔圣人作为伟大的思想家、教育家，他的出生情况却不甚明了，始终扑朔迷离、众说纷纭。

大成至圣先师孔子像

## 看完才知道

美国诗人、哲学家爱默生认为“孔子是全世界各民族的光荣”。英国历史学家、哲学家汤恩比博士则称誉：“拯救 21 世纪人类社会的只有中国的儒家思想和大乘佛法。”

## 抽丝剥茧

范文澜先生所著《中国通史》第一册就有这样的记载：“孔子先师是宋国贵族，曾祖父逃难到鲁国。父叔梁纥，曾做鲁陬邑宰。

孔子生于公元前 552 年，卒于公元前 479 年，享年 73 岁。看来，对于孔圣人的出身问题，史书上也是一笔带过，含糊其辞。

古书中的描写情况更加点燃了史学家们的研究热情。所以，关于孔圣人的出身情况，大致出现了以下几种说法：

## 老夫少妻说

根据《史记·孔子世家》记载：孔子的父亲名叫叔梁纥。叔梁纥的年纪大了，而孔子的母亲颜氏则还是个少女，两人不顾世俗的眼光，公开走到一起，发展成一段忘年恋，并有了爱情的结晶——孔子。

## 祈祷说

孔子的母亲多年不孕，盼子心切的她并没有选择去看医生，而是在尼丘山和丈夫一起祈祷。他们的诚心感动了黑龙的精灵，不久便怀上了孔子。显然，这种说法十分荒谬，估计是儒学的后继者们为了神化孔子而编造出来的。

## 梦生说

孔子的母亲颜氏睡梦中梦感黑帝，生孔丘于空桑之中。这种说法太玄了，竟把孔子神化到了如此地步。不过，当时如果对孔子的出生问题上做些文章，加进古老神秘的元素，孔子的形象立即会得到提升，不再是个凡人。好像不这样做，孔子就不能成为“圣人”似的。

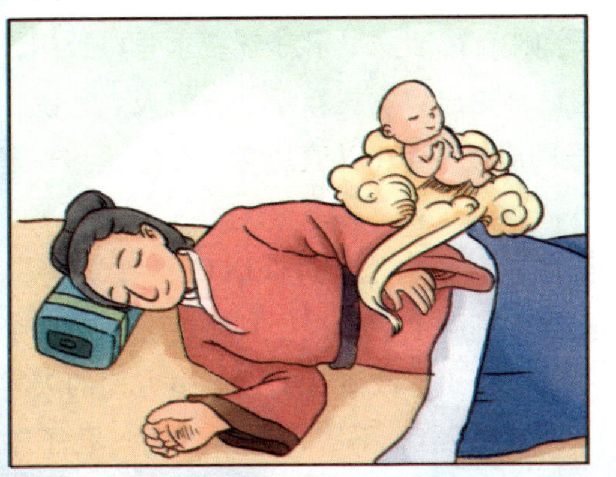

**考考你：**

孔子认为因救人而收报酬的行为是可取的，你知道为什么？

## 真相大白

孔子的弟子在救了落水的人后收了报酬，有人问：下水救人还要钱？孔子则说：当然可以，如果以后有人再次落水，人们知道救人能得到报酬，哪还有不愿意救的，这样不是更好吗？

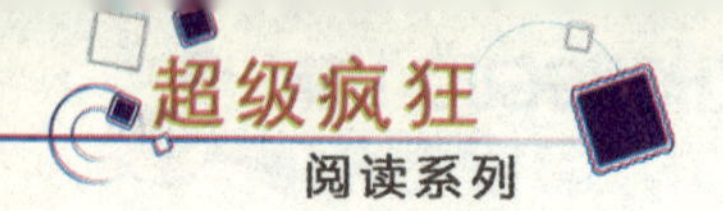


## 万世师表

孔子在道德教育方面的主要内容是“礼”和“仁”。其中“礼”是道德规范，“仁”是道德准则。“礼”是“仁”的形式，“仁”是“礼”的内容，只有具备了“仁”的精神，“礼”才真正充实。而在道德修养方面，孔子提出树立志向、克己、践履躬行、内省、勇于改过等方法。“学而知之”是孔子教学思想的主导方针。他在主张不耻下问、虚心好学的同时，还强调学习与思考相结合，即“学而不思则罔，思而不学则殆”。此外，孔子还要求学以致用，将知识运用于社会实践。孔子可以说是最早提出启发式教学方法的人。他说：“不愤不启，不悱不发。”意思就是：教师应该在学生认真思考，并已达到一定程度时恰到好处地进行启发和开导。

孔子是最早采用因材施教方法的教育家，他通过谈话和个别观察等方法，了解和熟悉每个学生的个性特征。在此基础上，他根据具体情况，对每个学生采取不同的教育方法，培养出了德行、言语、政事、文学等多方面的人才。孔子热爱教育事业，毕生从事教育活动。他学而不厌，诲人不倦。孔子不仅言教，更重身教，以自己的模范行为感化学生。他爱护学生，学生也很尊敬他，师生关系非常融洽。他是中国古代教师的光辉典型。孔子的教育活动不但培养了众多学生，而且他在实践基础上提出的教育学说，为中国古代教育奠定了理论基础。

**考考你：**

为何说孔子“桃李满天下”？

## 真相大白

孔子一生周游列国而不得志，后改为著书收徒，可谓是桃李满天下，据记载其弟子三千，贤者达七十二人，其理论更是名垂千古。由此可见，孔子无愧于“圣人”这一称号。

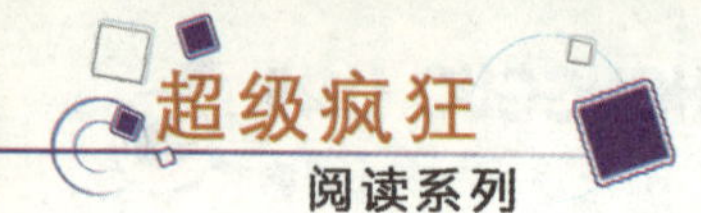

## 挠头的谜题

公元前 221 年，秦始皇统一六国，秦王嬴政在治理天下的过程中，表现出了超人的雄才大略，然而好大喜功的他对“韶华易逝，容颜易老”开始发愁，他渴望江山能够永固，此生也能求得不老。

在秦始皇东巡封禅祭祀的过程中，他遇到了一个非常重要的人物，他就是徐福。徐福是方技之士，上知天文下知地理，无所不知无所不能，在黄县现龙口市这一带很有名，而在齐鲁、燕齐海边的方士中，他也是有名的代表。

秦始皇到了黄县以后，徐福联合了其他方士做了若干探讨研究，想办法借这一机会接近秦始皇。这些人的人脉还是很广的，他们找到了县令，由县令向秦始皇推荐了徐福。

在月主祠中，徐福对秦始皇说可以到海外求仙，探索海外世界，求得长生不老药。这个想法得到了秦始皇的绝对支持，一个想求，一个能求，二人一拍即合。于是，秦始皇当即便命徐福随驾东巡，正式领命出海。

然而，徐福东渡的目的，真的仅仅只是为秦始皇求取长生不老的仙药吗？

**考考你**：

关于徐福有哪些传说和猜测？

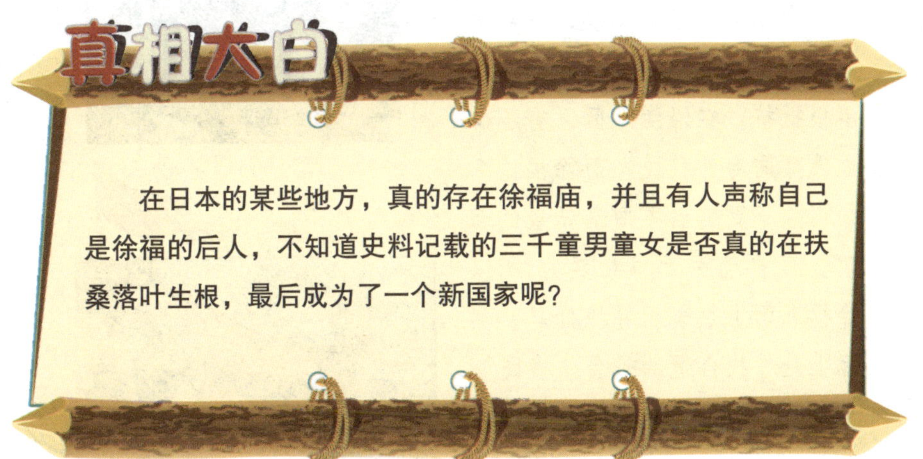

## 抽丝剥茧

关于徐福东渡的原因，一直以来存在着多种说法。

### 求仙药说

这是目前最为通行的说法。秦代时，方士是很流行的。在齐地和燕地，像徐福这样的方士很多。战国齐威王、齐宣王、燕昭王时，便有大批齐、燕方士入海求蓬莱仙药。徐福作为方士中最著名的一个，为秦始皇入海求药完全是有可能的。

### 避祸复仇说

由于秦始皇的暴政，一部分人敢于揭竿而起，另一部分人就消极抵抗。在沿海地区，有不少人选择向海外移民。而徐福这个知识分子更是看不惯秦始皇的暴政，可自己手无缚鸡之力,所以徐福表面上热衷于寻找仙药，实际上是寻找合适的机会“移民”。

## 海外开发说

秦始皇所向往的是：凡是日月所照的地方，都是他的疆土；凡是人的足迹所到达的，都是他的国家。于是，为了扩大自己的版图，就打着求仙药的幌子，派徐福出海。

据日本史书记载，徐福从成山头出发，先到了现在的韩国南部，后来到了日本。按照部分日本史学界人士的观点，徐福就是日本古代著名君主，第一位天皇——神武天皇，他登陆日本的地点，便在日本的关西平原。但这种说法还有待进一步证实。

**考考你：**

徐福有何过人之处？

徐福精通医学、天文、航海等领域的知识，且乐于助人，在沿海一带颇具名望。后来，他被秦始皇派遣去海外寻找仙药。乡亲们为纪念他，把他出生的村庄改名为“徐福村”，并在村北建了一座“徐福庙”。

## 未确定的结论

徐福10年入海求仙不得，秦始皇也在长达10年的盼望和等待中日益衰老。公元前210年，秦始皇再次找徐福问求药之事时，徐福怕皇上怪罪，便撒谎说：“我已经登上了蓬莱仙山，看到了仙药，但山上的大神嫌我带的礼物太少，没让我将仙药带走，说要得到仙药，必须选送优秀的男女和工匠来。而且，海中的大鲨鱼太多太大，船下海后受鲨鱼的阻拦，无法航行，所以到仙山去取药恐怕不太好办啊。”

徐福希望秦始皇派善于射箭的人一起去，遇到鲨鱼就用装有机关，可以连发的弓箭杀它。于是，秦始皇重新选择了童男童女，又选派了各种工匠手、射箭能手百余名，装足粮食、淡水，择日出海，数十条大船浩浩荡荡奔向东海。

当东渡的帆影消失在天尽头，当秦始皇一次次皓首东望，可这一切似乎永没有结局，连秦始皇的陵墓都是坐西朝东，以盼徐福乘船归来。

## 挠头的谜题

公元231年，诸葛亮率大军出祁山北伐，面对来势凶猛的蜀军，司马懿采取了坚守不战的策略。所有看过《三国演义》的人，都对诸葛亮的设计能力记忆犹新。他与司马懿对阵时发明过一种运输工具——木牛流马。应该说是两种运输工具，一个木牛，一个流马。

这木牛流马不吃草，不用其他的人拉，就能自己行走在崎岖不平的山路之上，为大军运输粮草。据说，司马懿曾经找到过几个，还想仿制来的，可他看了半天竟然没研究明白。

## 锦上添花

## 司马懿其人其事

司马懿（公元 179—251 年），字仲达，河内郡温县孝敬里（今河南焦作温县）人，三国时期魏国杰出的政治家、军事家，西晋王朝的奠基人。

司马懿生于乱世，常常怀有忧天下的心事，曾任职过曹魏的大都督、大将军、太尉、太傅。他是辅佐了魏国三朝的托孤辅政之重臣，后期成为全权掌控魏国朝政的权臣。

他善谋奇策，多次征伐有功，其中最显著的功绩是两次率大军成功对抗诸葛亮北伐和远征平定辽东。他73岁去世，简葬于首阳山。

**考考你：**

你知道南阳武侯祠中的对联是什么吗？

**真相大白**

上联：收二川，排八阵，六出七擒，五丈原前，点四十九盏明灯，一心只为酬三顾。下联：取西蜀，定南蛮，东和北拒，中军帐里，变金木土爻神卦，水面偏能用火攻。

如果一千七百多年前那个时代，会有这样一种伟大发明出现的话，的确是一种奇迹，但实际上，真的有这样的东西存在吗？木牛流马到底长得什么样呢？

## 抽丝剥茧

《三国志·后主传》里记载了木牛流马使用的时间，而在《诸葛亮传》里也有同样记载，并附有制作方法。

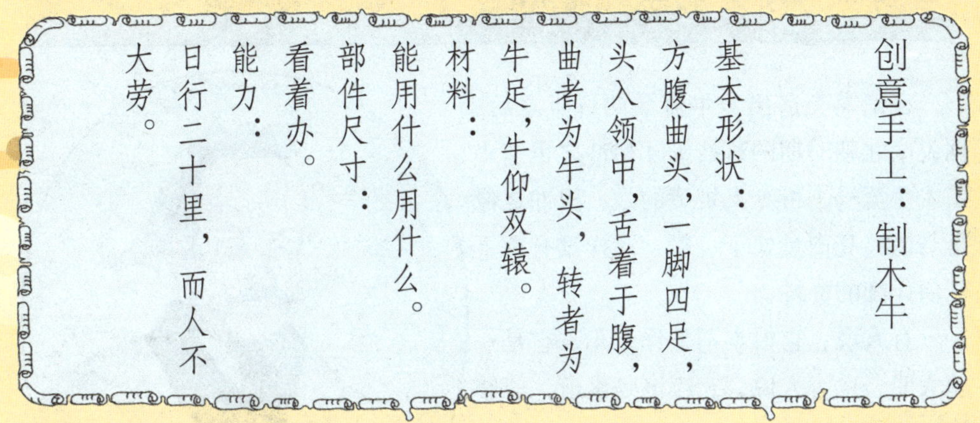


两个印证说明了木牛流马确实是历史上的一种发明，而且和诸葛亮有关，但是不知什么缘故，关于它，史料上的记载非常有限。关于流马，只讲了各种部件的尺寸，没有结构形状；而木牛则正相反，有了形状却没有尺寸。后人对这篇深邃的文章，没办法研究，只能望文兴叹。

而木牛流马到底长什么样？过去打仗，都是兵马未动，粮草先行，而在那个年代，运送粮草的栈道的路况可不敢恭维。在岩石上打孔，孔里塞木头，木头底下立上柱子，上面再铺上木板就形成了栈道。栈道依山势而建，所以弯道很多，木牛流马不太可能是四条腿行走的机械，因为四轮车的转弯不好控制，似乎只有独轮车才最有可能是历史上的木牛流马。

在诸葛亮造出木牛流马两百年之后，据说南北朝时期的科技天才祖冲之也造出了木牛流马，可令人疑惑的是，祖冲之像是与诸葛亮商量好了一般，同样没有留下任何详细的资料。

有人说，它根本不是什么车，它是一艘大船；也有人说，它应该是索道，能够溜索行进。谁也无法完全提出一个跟史书记载的、小说当中写的木牛流马极其接近的东西，因此很多理论都站不住脚。

**? 考考你：**

诸葛亮的老师是谁？

## 真相大白

诸葛亮的老师是司马徽，因他善于知人而被称为“水镜先生”。北方战乱，他寓居襄阳。与名士庞德公、黄承彦、徐庶、崔州平、石广元、孟公威、诸葛亮等人均有交往，关系甚密。

## 未确定的结论

我们的先贤似乎是联手保留下一个千古之谜，以考验我们后人的智慧。仅从 1956 年以来，全国各地就自发成立了 7 个木牛流马研究会。然而，探谜的结果是古谜本身的真实性首先被怀疑和否定，“独轮推车说”似乎成为千年定论，因为车的结构比较简单，符合当时的生产力状况。而大多数研究者、考古者都认为，木牛流马并不是什么造物奇观，而是传说的神化和记录者的夸张与误会。

## 挠头的谜题

相传，南宋大诗人陆游与表妹唐婉结了婚。婚后，小两口如胶似漆，感情笃深。可是，陆游的母亲看不惯儿媳妇的才华横溢，又看不惯她的开明作风，说是有大不敬的嫌疑。又因为唐婉不能生育，犯了“不孝有三，无后为大”之罪。于是，母亲逼迫儿子休了媳妇，凄美的爱情悲剧千古传颂。



那么，陆游与唐婉真的是表兄妹吗？

## 家庭作业

陆游一生曾多次游览沈园并题诗，那你知道他最后一次游沈园时题下了什么诗吗？

**答案**

沈家园里花如锦，半是当年识放翁。
也信美人终作土，不堪幽梦太匆匆。

## 悲情夫妻档案

陆游（1125—1210年），字务观，号放翁。汉族，越州山阴（今浙江绍兴）人，南宋诗人。他创作的诗歌很多，存世九千多首，有的抒发政治抱负，有的反映人民疾苦，风格雄浑豪放。

唐婉，生卒年不详，字蕙仙，自幼文静灵秀，才华横溢。

## 抽丝剥茧

唐家也是当时的名门大户，陆母和唐婉都受过良好的高等教育，是什么最终让陆母唐婉婆媳二人交恶呢？

在陆母看来，一个女人的本分是相夫教子、绣花织布，而不是每天和老公饮酒吟诗。唐婉的一言一行早就超出了陆母心中一个媳妇的行为准则。

作为陆游的妻子，唐婉如果还是陆游的表妹，陆母则是唐婉的亲姑姑，唐婉的父亲是陆母的亲哥哥，他们的关系就更像贾宝玉与薛宝钗。陆唐两家的结合，门当户对，亲上加亲，陆母怎么会在唐婉进门一年多以后就撕破脸皮，逼陆游休唐婉呢？要知道，唐婉可是她的亲侄女，休唐婉的代价是与娘家人的绝裂，再怎样看不顺眼，在当时的社会还是要隐忍一些的。

如果仅仅是唐婉不具备生育能力，陆母也完全可以给陆游再娶一个，传承香火，不必非要休了唐婉，从而付出与娘家人绝裂这样如此大的代价。

有一些学者查考了元代文人周密、刘克庄等人所著文章，发现唐婉的父亲唐闳是山阴（今浙江绍兴）人，鸿胪少卿唐翔之子，而陆母则是江陵（今属湖北）人唐介的孙女。两家虽同姓，却相距遥远，并没有种族血亲关系。

**考考你：**

唐婉的第二任丈夫是谁？

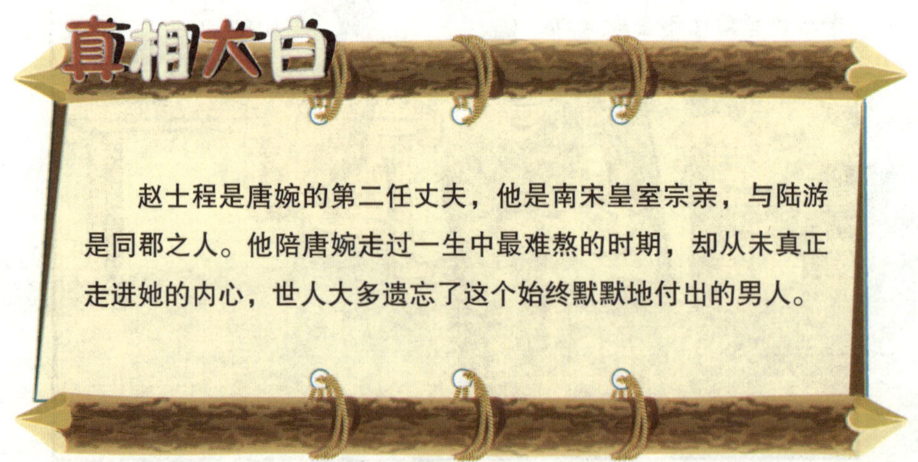

**真相大白**

赵士程是唐婉的第二任丈夫，他是南宋皇室宗亲，与陆游是同郡之人。他陪唐婉走过一生中最难熬的时期，却从未真正走进她的内心，世人大多遗忘了这个始终默默地付出的男人。

所以，既然唐婉的父亲唐闳与陆母不是兄妹，那么陆游与唐婉也不可能是表兄妹了。而且，周密、刘克庄等人与陆游的年代相近，他们说的话总是有些根据的。

## 未确定的结论

至于陆游与唐婉到底是不是表兄妹，目前为止还没有足够的证据来下定论。然而，他们之间倒确实有一首情诗流传后世。

1155 年，陆、唐分手的第十个年头，陆游礼部会试失利，心情郁闷的他到沈园游玩，与唐婉及其老公赵士程不期而遇。

场面何其尴尬！于是，伤心的陆放翁在墙上写下了《钗头凤》这首流传千古的情诗后，黯然离去。

唐婉游园时看见了陆游的诗，顿时泪流满面！陆游的词像刀子一样插进了她的心窝。唐婉挥笔而和，成就了这首史上最催人泪下的情诗。

《钗头凤》陆游

红酥手，黄縢酒，满城春色宫墙柳。东风恶，欢情薄，一怀愁绪，几年离索。错，错，错！

春如旧，人空瘦，泪痕红浥鲛绡透。桃花落，闲池阁，山盟虽在，锦书难托。莫，莫，莫！

《钗头凤》唐婉

世情薄，人情恶，雨送黄昏花易落。晓风干，泪痕残，欲笺心事，独倚斜阑。难，难，难！

人成各，今非昨，病魂常似秋千索。角声寒，夜阑珊，怕人寻问，咽泪装欢。瞒，瞒，瞒！

## 挠头的谜题

1140年，在抗击金兵的战斗中，岳飞率领的“岳家军”以一当十，勇往直前。“岳家军”声名远扬，以致金军常常大声悲叹：“撼山易，撼岳家军难!”

岳飞（1103—1142年），字鹏举，北宋相州汤阴县永和乡孝悌里（今河南省安阳市汤阴县菜园镇程岗村）人。中国历史上著名的战略家、军事家、抗金名将。

岳飞由于军事方面的才能被誉为宋、辽、金、西夏时期最为杰出的军事统帅、连结河朔之谋的缔造者。同时又是两宋以来最年轻的建节封侯者。

然而，就在即将收复中原实现统一的大好形势下，宋高宗赵构却陆续发放了十二道金牌，下令收兵。不得已，岳飞抹着眼泪含恨退兵。

退兵后不久，“莫须有”的罪名便扣在了岳飞的头上，他和儿子岳云，还有部将张宪被毒死于风波亭。

## 陈冤得雪

孝宗即位后，岳飞的冤案才得以昭雪，岳飞墓也被迁到风景绝美的栖霞岭下。在岳飞的墓前，长年跪着几个铁人，就是南宋的宰相秦桧夫妇及帮凶。岳飞为奸臣秦桧所害，这仿佛是不容大众怀疑的事实。几百年来，来此悼念岳飞的人们都会对秦桧夫妇唾骂一番。然而，杀害岳飞的真凶到底是不是秦桧？岳飞的死因究竟为何呢？

## 抽丝剥茧

首先，秦桧并没有权力杀害岳飞。尽管秦桧受到高宗的信任，可还远远没到随意指挥高宗的地步。

1139年，秦桧积极支持对金议和，枢密院编修官胡铨强烈反对议和，还请求皇帝斩了秦桧的头挂在街上。秦桧对胡铨恨得牙齿痒痒，却也始终不敢随意处置。那么，对于赫赫有名的岳飞，秦桧就更加不可能擅自做主了。

第二年，金兵违了和约，占领了河南，秦桧害怕高宗迁怒于他，终日忐忑不安。由此推断，当时的秦桧借个胆子给他也不敢去招惹岳飞呀！

其次，秦桧上书定了岳飞和张宪的死罪，可他确实没有定岳云的死罪，但岳云终究没能逃脱死罪。看来，这生杀大权归根到底还是掌握在宋高宗的手中。

**考考你：**

秦桧跪像的面部为何不生锈？

在岳飞的墓前，人们铸造了四尊跪像，他们是陷害岳飞的主要人物，其中秦桧的跪像由于经常受到人们的唾弃和扇打，虽历经几百年，其面部依然光亮如新。

秦桧死后，赵构把秦桧制造的不少冤假错案都平反了，可唯独对岳飞这个案子无动于衷。

以上的种种，是不是证明了一件事——赵构才是杀害岳飞的元凶？

然而，宋太祖赵匡胤曾传下秘密誓约，规定后世子孙不能杀死士大夫以及上书言事之人，如果子孙后代有逾此誓者，必遭天谴。在北宋年间，这条誓约被严格执行。那么，赵构为何敢违约破例？他到底由于什么原因要害死自己的军事支柱岳飞呢？

## 专家的推理

推理一：“帝之忌兄，而不欲其归。”高宗眼见岳飞一心要“迎二圣”，而徽、钦两帝一旦回来，自己这皇上算是当到头儿了。

推理二：赵构杀岳飞，主要原因是怕岳飞的手里长久握有重兵，以后会难以管制，给自己的统治造成威胁。岳飞又是个性刚强的人，1137 年的时候，他上书奏请高宗立储，说：“乞皇子出阁，以定臣心。”后来，他又由于母亲去世需要守丧，没经过高宗批准就自己辞了职，将兵权交与张宪。

这两件事，让岳飞在高京面前留下了很不好的印象。而且高宗曾在金营做过人质，一提金兵腿肚子就打转。对于战争前景，高宗既怕全胜，

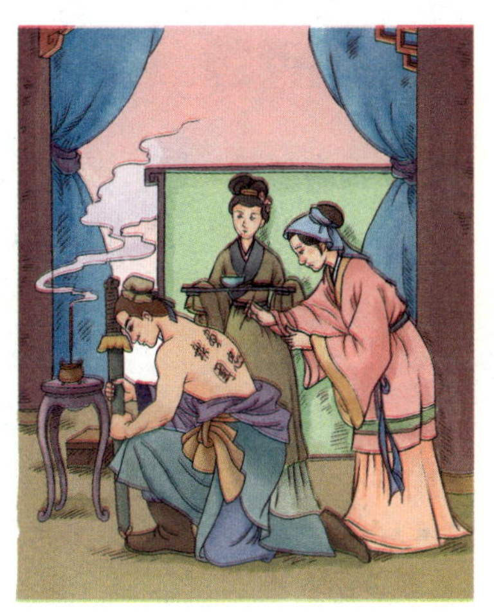

又怕大败，他只想守着自己这一亩三分地，安安稳稳地当个太平皇帝。所以，他一心求和。而秦桧利用一切机会来向皇帝证明岳飞的跋扈，正好切合了赵构的心理。而且，岳飞又是反对议和最强烈的主战派，所以赵构便抓住机会杀了岳飞。

可以确定的是，岳飞是含冤而死的，岳飞是中华民族最著名的抗金英雄。

**考考你：**

秦桧的后人也是奸臣吗？

## 真相大白

1221 年，金军进攻蕲州。秦桧曾孙秦矩与知州死守城池。金军听说他是秦桧后人，便派人劝降。秦矩听后怒斩来使。城池被破后，知州自杀殉国，秦矩与其子秦浚也自焚而死。

# 马可·波罗是否真的到过中国

## 挠头的谜题

七百多年前，一个叫马可·波罗的威尼斯人对东方很向往，于是千里迢迢跑到中国来了，结果遇上了元朝的创建者忽必烈，据马可·波罗自个儿说，忽必烈十分欣赏他，一高兴还赐了官。接下来，这个外国人开始了在东方帝都的美好生活。他游山玩水，打着考察地理民情的旗子，经常下基层，甚至

### 马可·波罗是谁

马可·波罗，13世纪来自意大利的世界著名的旅行家和商人，写下著名的《马可·波罗游记》，记述了他在东方最富有的国家——中国的见闻，激起了欧洲人对东方的热烈向往，对以后新航路的开辟产生了巨大的影响。

还去了越新马泰，这一待就是 17 年，这中间经历了各种危险、各种传奇，这些都写在《马可·波罗游记》中，相当精彩。可是，这部红透世界的游记中所讲述的故事，是真实存在的吗？

## 抽丝剥茧

1995 年，一篇论文横空出世，引发了整个史学界的大地震。论文的作者是英国学者弗兰西斯·伍德，他对马可·波罗十分有兴趣，研究了十几年，终于写出了这篇论文，名字就叫《马可·波罗到过中国吗》。论文里把大家发现的游记的各种疑点都给总结了出来，还指出了一些致命伤，相当给力。

### 疑点一

在整部游记中，有几个词压根没有出现过，就是“汉字”“筷子”“中医”“茶叶”。这就奇了怪了，既然马可·波罗在中国待了 17 年，不可能连这些都没见过吧？按理来说，那个年代，作为一个外国人见到这些具有中国特色的东西应该感到相当稀奇的呀！如果他见过，为什么不写进书里头呢？这实在有些说不通。

不过，一些支持马可·波罗的史学家对此做出了解释。说马可·波罗是外国友人，17 年来都是跟国家高层人士打交道，都跟蒙古人相处，基本就没跟汉人接触过。在蒙古人的生活中，汉字和茶叶这些东西出现的几率是很低很低的。所以，马可·波罗没有注意到是很正常的。可是，游记里记载了马可·波罗去过许多地方，说他没和汉人接触过，真有些说不过去了。

## 疑点一

这可是处硬伤。在游记中，马可·波罗居然对万里长城只字未提！汉字、筷子、中医、茶叶这些他看不上眼也就算了，可万里长城也看不见，还真让人搞不懂。

《马可·波罗游记》中是这样描述这趟漫长的东方之旅的：马可·波罗从威尼斯到地中海，然后横渡黑海，经过两河流域，来到了中东的巴

**考考你**：

意大利面和披萨是从中国传出去的吗？

## 真相大白

据说，马可·波罗在离开中国返回意大利时带走了拉面和馅饼的做法，但由于西方人始终做不出地道的拉面和馅饼，最终才演变成了意大利面和披萨。

格达，再从巴格达出发，好不容易才到了波斯湾的出海口。但是，用游记里的原话说就是：中国，并不是你想去就能够轻易去得了的。

马可·波罗等啊等，竟没有在出海口等到一艘去中国的船。于是，他改变了路线，海路改成陆路。这是一条让所有探险家望而却步的路，一路上，有天灾，有猛兽，还有各种让人精神崩溃的事情。

如果马可·波罗是按照游记里所写的路线来到中国的，那么，就会和中国的万里长城产生交集。外国人第一次见到万里长城，心智正常的情况下，都会惊讶于这个世界奇迹，回了家也会对其念念不忘。可是，马可·波罗在游记里居然没有提过一个字。

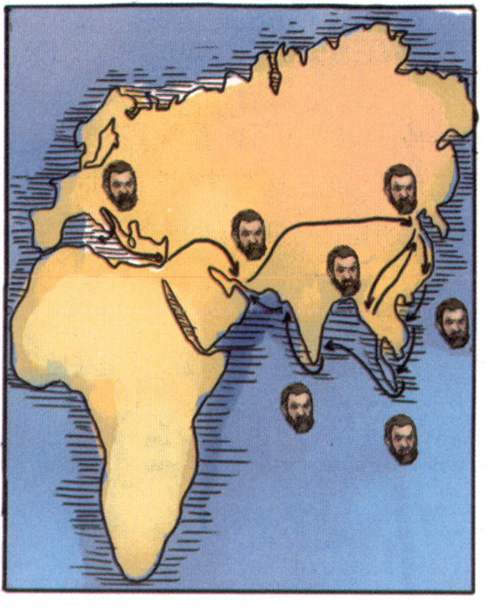

对于这个疑点，也有人给出了解释。说严格来讲，长城分为三段，分秦长城、汉长城和明长城，人们现在见到的是明长城。也就是说，马可·波罗来中国那会儿，明长城还没有建起来呢。所以他压根就瞧不见这伟大的奇迹。

实际上，在元朝建立之前不久，金朝也在蒙古地区修建了长城，如此看来，马可·波罗就算碰不上明长城，也应该能见到金长城。

对此，专家们如此解释：金长城的建设风格与秦长城和明长城大不相同，金朝的长城其实是壕沟，它是在地下的，所以不容易被人发现。

这么一来，史学家们还怀疑什么呢？为什么不说马可·波罗是个大骗子呢？其实，游记里面还有一个更大的疑点。

## 最大的疑点

在游记里，马可·波罗回忆了元军围攻襄阳城的情形，当时南宋的残余部队，退守到襄阳，蒙古军队围攻了他们整整5年，仍然没有攻下。马可·波罗向元军献计，说有一种器械，可以攻破城池，这种器械就是抛石机。就是往城里扔大石头，让敌军无处可逃。忽必烈一听，这招好啊，年轻人有前途啊。于是，下令造了抛石机，由马可·波罗亲自指导制造。

## 未确定的结论

马可·波罗不可能看到元军攻襄阳，更别提制造抛石机立奇功了。然而，他却把自己写进了这个道听途说的故事，当了回男主角，这说明了什么呢？

很明显，马可·波罗极有可能在自己的游记中撒了谎。

**考考你**：

你知道《马克·波罗游记》是在监狱里创作出来的吗？

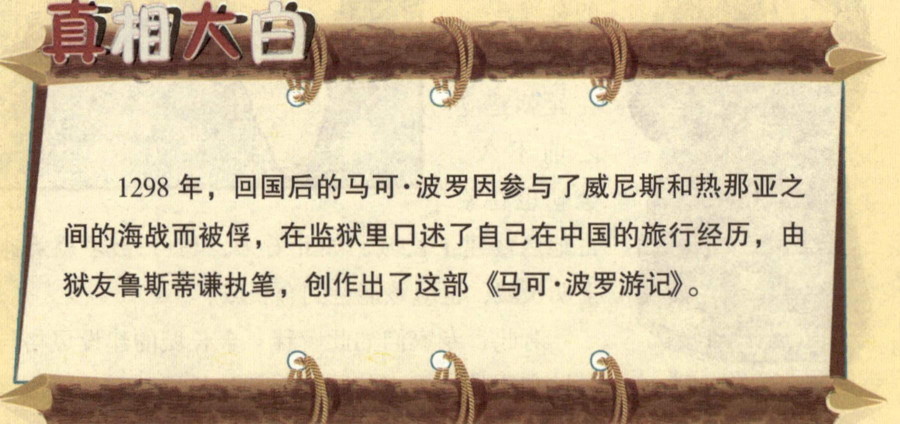

## 真相大白

1298年，回国后的马可·波罗因参与了威尼斯和热那亚之间的海战而被俘，在监狱里口述了自己在中国的旅行经历，由狱友鲁斯蒂谦执笔，创作出了这部《马可·波罗游记》。

# 郑和为何要“七下西洋”

## 挠头的谜题

明朝初期，三宝太监郑和奉命出使下西洋的航海活动。这个活动，虽然声势浩大，但起初很让人迷惑不解。这么兴师动众的为什么啊？哥伦布抢殖民地，麦哲伦开发商业，那么，郑和下西洋的目的是什么呢？

### 郑和是谁

郑和（1371—1433 年），原名马三保。11 岁时，他被掳入明营，受宫成为太监，后进入朱棣的燕王府。在“靖难之变”中为朱棣立下战功，朱棣认为马姓不能登三宝殿，因此御书“郑”字赐与马三保，改名为和。1431 年钦封其为三宝太监。

## 抽丝剥茧

对于郑和为何下西洋，众说纷纭。

但这种伟大的航海行为无疑展现了我大明风采，为明朝的外交奠定了基础。

虽然对于郑和下西洋的猜测很多，也有一定的合理性但都没有说到点子上。这次活动最主要的目的是什么呢？专家学者们已经给出了结论，目的就是——寻找建文帝。

建文帝朱允炆刚坐上皇帝宝座时，由于各诸侯掌握兵权，而自己无实权，便想尽一切办法削弱他们的力量。燕王朱棣当时公开反叛，以“清君侧”为理由武力夺取皇位，号称“靖难”。靖难之役后，建文帝便不知所终，这“活不见人，死不见尸”的建文帝始终是朱棣的一块心病。

为了长治久安，防止朱允炆东山再起，威胁自己的统治地位，朱棣便一次又一次地派遣郑和出使西洋。而郑和是朱棣的亲信，在朱棣的支持下才创造了举世闻名的航海奇迹。

**考考你：**

你知道郑和下西洋船队中的宝船是什么样子吗？

## 真相大白

据《明史》和《郑和传》记载，郑和宝船共63艘，最大的长151.18米、宽61.6米。船有四层，船上9桅可挂12张帆，锚重有几千斤，要动用200人才能启航，一艘船可容纳千人。

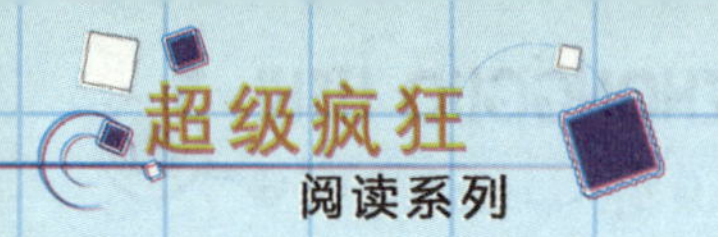


当然，这话可不是随便说的，得有证据。

郑和下西洋，带了一群特殊的人随行，那就是锦衣卫。锦衣卫是干什么的大家都知道，带着这群武装力量下西洋，目的就更加明显了。

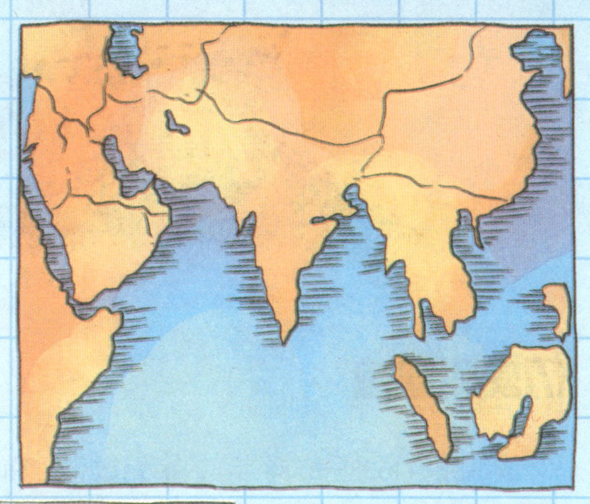

## 未确定的结论

可惜，郑和下西洋的事件被永载史册，可这朱允炆就是找不着。

江湖上始终没有断过关于建文帝的传闻，他一会儿在这儿，一会儿在那儿，总是居无定所。这可把朱棣折磨坏了，终日里挠心抓肝，就这样度过了残生。

**考考你：**

郑和是有宗教信仰的人吗？

## 真相大白

其实郑和是回族人，出生于伊斯兰教世家，其祖父和父亲都是虔诚的穆斯林朝圣者，曾到麦加朝圣。

# 为什么说戚继光是抗倭名将

## 历史科普馆

戚继光（1528—1588 年），字元敬，号南塘，晚号孟诸，明代著名抗倭将领、军事家。率军之日于浙、闽、粤沿海诸地抗击来犯倭寇，历十余年，大小八十余战，终于扫平倭寇之患，被誉为民族英雄。世人称其带领的军队为“戚家军”。著有军事书籍《纪效新书》《练兵实纪》《莅戎要略》《武备新书》等。

## 少年英才鸿图志

戚继光自幼生长在将门，良好的家庭教育和军事生活的熏陶，让他从小就立志保疆卫国，16 岁时，他就写下一首志向保卫祖国海疆的五言律诗《韬钤深处》。

### 《韬钤深处》

小筑惭高枕，忧时旧有盟。呼樽来揖客，挥麈坐谈兵。
云护牙签满，星含宝剑横。封侯非我意，但愿海波平。

17 岁时，戚继光担任登州卫指挥佥事，25 岁被提升为署都指挥佥事，负责山东省沿海防御倭寇军务。

## 锦上添花

倭寇指在日本内战中失败的流亡武士和商人，他们从元代末年到明代初年，经常在中国东部沿海一带抢劫中国商船，并打家劫舍，杀人放火。十五世纪后期，倭寇与中国沿海的劣绅奸商狼狈为奸，愈加猖狂，有时甚至深入内地，攻城略地，掳掠财物，成为中国东南沿海的一大祸患。

戚继光任都指挥佥事后，统辖三营二十四卫所。防线从江苏、山东交界处，一直延伸到山东半岛的北端。海防线很长，但是兵力有限，如何设防是戚继光面对的最大问题。

于是，戚继光就走访了当地许多官员和渔民，了解到一年之中倭寇活动最猖獗的时间是三、四、五月和九、十月间，掌握了这几个月间的天气状况以及船只可能停靠的地方后，戚继光采取了按照时间和地段重点设防的措施。同时整顿军队，加强训练，严格军纪，提高战斗力，于是，山东海防变得固若金汤，

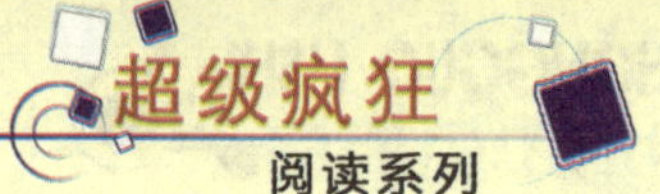


倭寇不敢再轻易骚扰，戚继光在山东防倭初见成效。

## 抗倭名将“戚老虎”

由于戚继光在山东抗倭有方，嘉靖皇帝又把他派往浙江，担任定海参将，镇守宁波、绍兴、台州三府，率军抵抗倭寇，而这一带是倭寇活动最为猖獗的地区。

疯狂的黄色预警

### 明朝的行政划分

明初曾沿袭元朝的行省制，在明太祖洪武九年（1376 年）改行省为承宣布政使司。承宣布政使司下设府和直隶州，府以下有县和属州，各州以下有县，形成了一个省府州县四级制与省州县三级制并存的大体格局。

全国共设置了两京十三使司，两京是指京师和南京，十三使司是指陕西、山西、山东、河南、浙江、江西、湖广、四川、广东、福建、广西、贵州、云南。据《明史·地理志》记载，终明一朝有府 140 个，州 193 个，县 1138 个。

浙江的驻守军队素质很差，战斗力很弱，戚继光迫切需要一支自己的军队，于是在义乌招募农民、矿工，组建新军。这支四千多人的新军，经过戚继光的严格训练，军纪严明，精通阵法，训练有素，进退有序，作战勇猛，这支军队也就是后来的戚家军。

结合江南水乡的特点，戚继光创造了著名的鸳鸯阵法。什么是鸳鸯阵法呢？请看上图。

1556 年，800 多名倭寇入侵龙山所，戚继光率军迎击，两军刚一交锋，明军由于怯战开始后退。在这危急时刻，戚继光飞身跃上一块巨石，连发三箭，射倒 3 个倭寇头目。倭寇见状，仓惶逃窜。戚继光率军乘胜追击，三战三捷，威名大震，令倭寇心惊胆战，闻风丧胆，给戚继光取了个名字叫“戚老虎”。

**考考你：**

你知道戚家军使用什么独特武器吗？

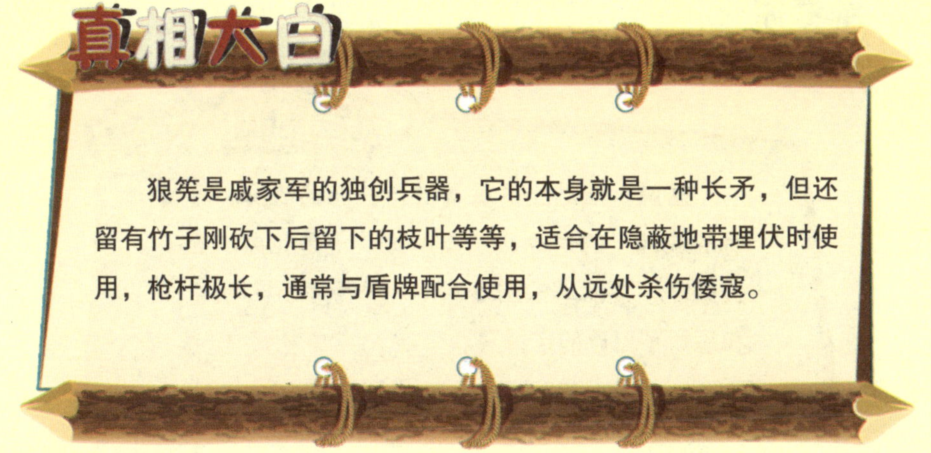

**真相大白**

狼筅是戚家军的独创兵器，它的本身就是一种长矛，但还留有竹子刚砍下后留下的枝叶等等，适合在隐蔽地带埋伏时使用，枪杆极长，通常与盾牌配合使用，从远处杀伤倭寇。

## 看完不后悔

戚家军自建立后，经历了大小数百次战斗，却从没有失败过。最为著名的大战有：

1.嘉靖四十年台州之役——经新河、花街、上峰岭、藤岭、长沙等战斗，十三战十三捷，斩杀倭寇达三千余人。

2.福建之役——总兵力六千，经横屿、牛田、林墩三战，斩杀倭寇五千余人。

3.嘉靖四十二年平海卫，经仙游、王仓坪、蔡丕岭四战，共斩杀倭寇两万余人，福建倭寇被一扫而空。

**考考你**：

你知道戚继光治军严谨到什么程度吗？

## 真相大白

据说，戚继光的舅舅自恃长辈的身分，不肯听从戚继光的号令，违反军纪。于是，戚继光秉公处理，按照军法当着军中将士之面，严厉审问和惩罚了自己的亲舅舅。

## 历史科普馆

林则徐（1785—1850年），字元抚，又字少穆、石麟，晚号俟村老人、俟村退叟、七十二峰退叟、瓶泉居士、栎社散人等，是中国清朝后期政治家、思想家和诗人，官至一品，曾任湖广总督、陕甘总督和云贵总督，两次受命钦差大臣；因其主张严禁鸦片、抵抗西方列强的侵略，在中国有“民族英雄”之誉。

## 少年英雄

为了测试一下你是否从小就有文学才华，请根据以下要求对对联。

“山” 对 （ ） 。参考答案：海。

“山顶” 对 （ ） 。参考答案：海边。

请用“山”“海” 两字为首，作七言对联。难倒你了吗？请看林则徐是如何回答的。

## 多么才思敏捷啊

为了测试一下你能否取得案首，请再对一对联。

“童子何知”对 （ ）。

你会回答什么呢？匹夫无罪、老头不盲、师傅勿答……请看林则徐是如何回答的。

林则徐这个回答有多厉害呢？这要从林则徐参加院试说起，当时参加院试的考生有一万多名，最后只剩下林则徐和一名老童生，考官决定以对联分出高下，就出上联“童子何知”，林则徐马上对出“大人利见”，那么，老童生是如何回答的呢？

就这样，林则徐以十三岁之龄取得案首，十四岁就成为秀才了。

## 锦上添花

名词解释

案首，清代各省学政于考试后揭晓名次，称为出案。因此，童生参加县试、府试、院试，凡名列第一者，称为案首。

童生，按照明清的科举制度规定，凡是习举业的读书人，不管年龄大小，未考取生员（秀才）资格之前，都称为童生或儒童。

## 蒹葭情深

1804年，林则徐参加乡试，中第二十九名举人。就在揭晓成绩排名的那一天，他正式迎娶郑淑卿为妻，自此，林则徐在郑淑卿在世时都没有纳过妾，直到64岁时才续弦再娶，但他对原配一直情深不渝。（生活在一夫多妻制的社会，这可是很难得的，作为男人是会被笑话的。）

**考考你：**

你知道林则徐建立了怎样的人才档案吗？

## 真相大白

据清代《暝庵杂品》卷二记载，林则徐每次接见来客，都会借机询问其经历、爱好、专长等事情。等客人走后，便叫下人将信息分类整理，并按人名、籍贯分类保存。

## 禁烟英雄

林则徐在仕途生涯中，逐渐显露出精明能干的办事能力和清廉正直的作风，因此得到了道光皇帝的重用，被任命为江苏巡抚和湖广总督。任职期间，他看到鸦片的危害，立刻开始了禁烟运动，并提出了禁烟的办法：

⑴ 提出了配制断瘾丸；⑵ 强迫吸食者戒绝；⑶ 大举搜查烟枪土膏。

### 看完不后悔

#### 英国为什么向中国走私鸦片？

19 世纪二三十年代，英国完成了工业革命，生产力高度发达。为了开拓市场以及原料产地，把目光瞄准了中国：中国拥有庞大的人口资源，正是英国资产阶级梦寐以求的潜在市场。

但是，英国并不能顺利地向中国倾销工业产品，因为中国是自给自足的经济，并实行闭关锁国的政策，而且，中国在对外贸易的过程中，始终处于优势地位，这对英国是极其不利的。迫切需要突破口的英国人绞尽了脑汁，最终，他们找到了一种中国无法自己生产并能持续销售的商品——鸦片，因为鸦片能使人上瘾，并消磨人的意志，有利于英国的殖民目的。

面对鸦片毒的滋蔓，清王朝派遣林则徐到广州查禁鸦片。为了清除鸦片势力，林则徐采取了以下措施：

(1) 积极筹备海防；

(2) 相信“民心可用”，号召人民组织武装团体；

(3) 招募水勇 5000 人；

(4) 公开号召民众起来保家卫国，宣布“如英夷兵船一进入内河，许以人人持刀痛杀”；

(5) 通知鸦片贩子，限 3 天之内将鸦片全部交出，并须保证永不挟带鸦片。

在林则徐的带领下，以及中国人民坚决斗争下，英美鸦片贩子被迫缴出鸦片 230 多万斤。而林则徐则公开在虎门海滩将全部鸦片当众销毁。虎门销烟向全世界表明了中国人民清除烟毒和反抗外国侵略的坚强意志和决心。

**考考你：**

你知道林则徐是如何反击西方人的嘲笑的吗？

## 真相大白

林则徐刚到广州时，在外国领事的宴会上因吃冰激凌时吹气而遭嘲笑。后来，林则徐回请时上了盘看上去像凉菜但却很烫嘴的芋泥。众领事并不知晓，结果被烫得哇哇大叫。

图书在版编目（C I P）数据

回眸不为人知的中国历史 / 崔钟雷主编. -- 北京：知识出版社，2014.8
（超级疯狂阅读系列）
ISBN 978-7-5015-8157-3

Ⅰ. ①回… Ⅱ. ①崔… Ⅲ. ①中国历史－少儿读物 Ⅳ. ①K209

中国版本图书馆 CIP 数据核字(2014)第 181211 号

**超级疯狂阅读系列——回眸不为人知的中国历史**

出 版 人　姜钦云
责任编辑　易晓燕
装帧设计　稻草人工作室
出版发行　知识出版社
地　　址　北京市西城区阜成门北大街 17 号
邮　　编　100037
电　　话　010-88390659
印　　刷　北京一鑫印务有限责任公司
开　　本　700mm × 1000mm　1/16
印　　张　8
字　　数　80 千字
版　　次　2014 年 8 月第 1 版
印　　次　2020 年 2 月第 4 次印刷
书　　号　ISBN 978-7-5015-8157-3
定　　价　28.00 元